¿Quién me llama *bella*?

¿Quién me llama *bella*?

Encuentra tu verdadera belleza en el espejo de Dios

Regina Franklin

PORTAVOZ

La misión de *Editorial Portavoz* consiste en proporcionar productos de calidad —con integridad y excelencia—, desde una perspectiva bíblica y confiable, que animen a las personas a conocer y servir a Jesucristo.

Título del original: *Who Calls Me Beautiful?*, © 2004 por Regina Franklin. Publicado por especial acuerdo con Discovery House Publishers, 2000 Kraft Avenue SE, Grand Rapids, Michigan 49512. Todos los derechos reservados.

Edición en castellano: *¿Quién me llama bella?*, © 2007 por Regina Franklin y publicado por Editorial Portavoz, filial de Kregel Publications, Grand Rapids, Michigan 49501. Todos los derechos reservados.

EDITORIAL PORTAVOZ
P.O. Box 2607
Grand Rapids, Michigan 49501 USA

Visítenos en: www.portavoz.com

ISBN: 978-0-8254-1247-9

1 2 3 4 5 edición / año 11 10 09 08 07

Impreso en los Estados Unidos de América
Printed in the United States of America

A Scott.

Por ser un hombre de Dios

y por ver la belleza de Dios en mí.

• • • CONTENIDO • • •

¿Quién me llama *bella*?

· · · UNO · · ·

Belleza terrenal

Cuando yo era una niña, las exhibiciones de belleza me fascinaban con sus representaciones de glamour. Me imaginaba a mí misma bailando y cantando como las mujeres que veía en la pantalla del televisor y ansiaba ser una de ellas.

Cada chica pequeña se imagina a sí misma como la estrella de su propio espectáculo, la princesa de su propio reino. Estos sueños de la niñez se arraigan de forma profunda dentro de nosotras. Pero en algún momento aprendemos a distinguir la realidad de la ilusión.

Por alguna razón, sin embargo, el mito de la belleza perdura aún después de haber pasado los días de la niñez. Nuestra fascinación con el mito de la princesa hermosa es especialmente problemática porque la simple descripción de un personaje, se convierte en el tema principal.

La belleza física, más que en un mero detalle, llega a ser el mensaje central en la historia vital de ese personaje. Los relatos sobre aquel amor tan fuerte que se arriesga ante el peligro para rescatar a la amada, están reducidos a historias donde se rescata de manera digna a las doncellas solo por su excepcional belleza. En realidad, esto no es un mensaje del destino. No es un mensaje de esperanza.

Todavía vivimos en un mundo que nos dice que la belleza física predomina en el reino de la cultura popular.

De forma irónica, las mujeres han sido capaces de ver y rechazar la ilusión de los años cincuenta acerca de la perfección moral de June Cleaver. Pero ellas anhelan lograr la ilusión de la perfección física, no importa cuán inalcanzable sea.

Nuestra admiración por los falsos habitantes de Hollywood, rara vez tiene que ver con su habilidad para la actuación. Fascinadas por el panorama mágico que avanza con rapidez a través de la alfombra roja, nos convencemos a nosotras mismas de que la felicidad y el éxito son solo premios exclusivos de aquellas que alcanzan la belleza.

Si estoy recortando cupones, leyendo el periódico, o buscando información en línea, soy bombardeada por anuncios que contienen la difícil promesa de hacerme parecer mejor, más delgada, más joven. Desde los comerciales hasta las comedias, los cuerpos delgados dominan las programaciones televisivas.

En su artículo: "*Lo que ves es lo que soy*", el experto en cultura juvenil Walt Mueller escribió:

> Toda nuestra cultura –niños y adultos por igual–, tiene un estilo de vida que grita: "Yo soy lo que parezco ser". Un recorrido por cualquier centro comercial confirma este hecho. ¿Han notado cómo muchos negocios, anuncios y artículos sobre mercancías son vendidos para mejorar la imagen y la apariencia?[1]

Los productos para el cabello prometen dar más elasticidad al rizado del mismo, o quitarlo cuando no lo queremos de esa forma. Los productos de la piel prometen mantenerla sin manchas ni imperfecciones cuando somos jóvenes y sin arrugas cuando somos mayores. Estamos obsesionadas con nuestras insatisfacciones.

Cada día enfrentamos el ataque de la representación cultural de la perfección. De manera gradual, las imágenes se convierten en nuestra realidad. Perdemos la visión de que fueron creadas para vender productos. Deseando aceptación del mundo, nos obligamos a tomar cualquier cantidad de medidas para vernos como el mundo dice que debemos estar. Desde interminables dietas hasta cirugías radicales y estéticas, cremas hasta píldoras, ropas hasta zapatos, nos mantenemos intentando recrearnos en la imagen de perfección del mundo. Incapaces de terminar esta vana búsqueda, nos convertimos en una persona como el hombre del poema de Stephen Crane:

> Vi a un hombre persiguiendo el horizonte;
> corría velozmente de un lado a otro.
> Yo estaba preocupado por esto;
> Me dirigí hacia él.
> "Eso es inútil" –dije–,
> "nunca podrás—".
> "Mientes" –él lloró–,
> y continuó.[2]
> (Traducción libre)

El vacío emocional que persiste nos dice exactamente que somos más que seres físicos. Este insiste en que nuestro valor viene por algo más que la apariencia física. Pero nuestra incapacidad para satisfacer nuestros anhelos nos convence de que la promesa de algo más es una mentira y entonces continuamos buscando.

Aun si estamos cerca de alcanzar la norma cultural de belleza, la definición probablemente cambiará. En su libro *Revivir a Ofelia: Rescatar las personalidades de las adolescentes,* la doctora Mary Pipher escribió:

> La apariencia adecuada ha sido siempre importante pero ahora es difícil obtenerla... Las normas de belleza son más rigurosas. Las Miss América se han hecho más altas y más delgadas a lo largo de los años. En 1951, la Miss de Suecia tenía 1,7 metros de altura y pesaba casi 69 kilos. En 1983, esta Miss tenía casi 1,8 metros de altura y menos de 50 kilos de peso. Mientras que las mujeres bellas son delgadas, la media de las mujeres es más pesada de lo que eran en los años cincuenta. De este modo, la discrepancia entre lo real y lo ideal es mayor.[3]

Profundamente preocupada por el retrato cultural de la mujer, Pipher también cree que nosotras debemos reconocer lo que ella califica como el "artificio" de la norma cultural de la belleza:

> Lo que es culturalmente aceptado como hermoso, es logrado solo con grandes artificios: Recortes de foto, ángulos de cámara y cuerpos compuestos, son necesarios para obtener la imagen que ahora tenemos de una mujer hermosa. Hasta las estrellas, no pueden satisfacer nuestro ideal cultural sin grandes costos.[4]

Patricia Heaton, coestrella de la comedia *Todo el mundo ama a Raymond,* representa el papel de la común ama de casa Debra Barone. Su cuerpo, sin embargo, es cualquier cosa menos común. En una entrevista con el escritor Alex Witchel, Heaton habló de forma abierta sobre su muy divulgada cirugía estética con "una reducción incluida de su barriga (muy necesaria –dijo–, después de que sus cuatro hijos nacieran por medio de cesárea) y una correspondiente firmeza de sus senos".

A manera de ejemplo de la obsesión de la media de las mujeres con la belleza artificial y al parecer justificando la elección de Heaton, Witchel destacó: "Ella realmente se ve magnífica, delgada y elegante".

Más adelante en la entrevista, mientras hablaba sobre sus diferentes cirugías, Heaton sacó "de su cartera una pequeña bolsa plástica con el nombre de 'almuerzo', llena de píldoras y cápsulas. 'Hierbas –dijo–, algunas ayudan a procesar la grasa del cuerpo, otras son supresoras del apetito'".[5]

Mientras reconocemos que su experiencia no es la de una mujer promedio, Heaton continúa perpetuando el inalcanzable ideal debido a su búsqueda de la perfección física. Entretanto, en su papel televisivo, ella sigue representando a una típica ama de casa. Así que, la industria televisiva envía mensajes contradictorios. Aunque demanda la representación de una mujer típica, en su lugar presenta la idea cultural de una mujer perfecta.

Las mujeres se esfuerzan por conformar sus vidas a lo que la cultura popular les dice que es hermoso y las cristianas no son la excepción. Cuando estamos preocupadas con lo que es atractivo físicamente, afirmamos que la norma mundial de belleza es más importante que el de Dios y comenzamos a reflejar los valores de un mundo del cual Jesús dijo que no somos parte, aunque permanecemos en él.

> "No ruego que los quites del mundo, sino que los guardes del mal. No son del mundo, como tampoco yo soy del mundo" (Jn. 17:15–16).

Pero, ¿qué hay en el mundo de lo cual no somos parte? Las Escrituras nos dan la respuesta: "Porque todo lo que hay en el mundo, los deseos de la carne, los deseos de los ojos, y la vanagloria de la vida, no proviene del Padre, sino del mundo" (1 Jn. 2:16).

El deseo de la carne. Busca rápidamente por la mayoría de las revistas de mujeres y verás que nuestra sociedad se enfoca en la carne (de manera literal y en sentido figurado). Los cuerpos y rostros de las mujeres dominan las campañas comerciales, promoviendo de todo, desde autos hasta caramelos. ¿El mensaje? La belleza es igual a la satisfacción.

Cuando Eva miró la fruta creciendo en el árbol del conocimiento del bien y del mal, ella vio que "era buena para comer" (Gn. 3:6). Incluso cuando Dios le había advertido que comerla acarrearía su destrucción espiritual, Eva insistió en satisfacer el deseo de la carne.

Desde entonces, Satanás ha continuado poniendo delante de nosotras la fruta ilusoria de la satisfacción. Pero comer este tipo de fruta es romper nuestra comunión con Dios, porque debemos vivir y satisfacernos a nosotras mismas con "*toda palabra que sale de la boca de Dios*" (Mt. 4:4b, cursivas añadidas).

El deseo de los ojos. El Nuevo Comentario de la Biblia define la codicia de los ojos como un "fuerte deseo por lo que es pecado, por la forma externa de las cosas. Es la codicia detrás de la superficie".[6]

En la segunda tentación, Satanás alentó a Jesús para que se lanzara hacia abajo desde el lugar más alto del templo (Mt. 4:6) como prueba de lo que las Escrituras afirmaban Él: "a sus ángeles mandara cerca de ti… en las manos te llevarán, para que tu pie no tropiece en piedra (Sal. 91:11–12)".

Dios ofreció esas palabras como una promesa de su permanente provisión y protección. Satanás, sin embargo, quería que Jesús demandara esa promesa para fomentar su propio propósito más que el de Dios. Él deseó hacer un uso inapropiado del regalo de la protección divina y emplearlo para adjudicarse la gloria.

En muchas maneras similares, Satanás quiere hacer un mal uso del regalo que Dios nos hizo de nuestros cuerpos, para sus propios propósitos más que para los de Dios.

Nosotras vivimos en una cultura visual y las imágenes provocan respuestas. Cuando nos esforzamos por alcanzar la norma mundial de belleza, nuestros cuerpos se convierten en imágenes que evocan respuestas deseadas en nuestro interior y en los demás. Cuando nos amoldamos de acuerdo con la imagen del mundo, tomamos lo que Dios ha creado para ser una vasija de su gloria, y lo usamos en lugar de esto, para glorificarnos y satisfacer nuestro deseo de admiración.

Los esfuerzos por tener un rostro y un cuerpo hermoso rara vez provienen del deseo de reflejar más el cuerpo de Cristo. Más que eso, están arraigados en el deseo de hacernos más "agradable a los ojos" (Gn. 3:6).

La belleza terrenal es un medio para lograr una finalidad, una vía para alcanzar respuestas positivas hacia nosotras mismas de parte de otros, menos de Dios. Sin embargo, siendo creadas a su imagen, nosotras debemos usar nuestros cuerpos como testigos del reino de Dios.

La vanagloria de la vida. En la tercera y final tentación, Satanás le ofreció a Jesús: "todos los reinos del mundo y la gloria" si Él lo adoraba (Mt. 4: 8–9).

La oferta de Satanás a las mujeres es similar: "Inclínate ante el dios de la belleza y yo te daré poder".

Las mujeres desean belleza porque el mundo dice que la misma trae poder y control. Como las chicas pequeñas que creen en la ilusión de los desfiles de belleza, nosotras creemos que las mujeres que se ven perfectas han alcanzado poder sobre ellas mismas y sobre otros un poder que todas queremos poseer.

Sin embargo, creer que el mito de la belleza nos puede atribuir poderes no es nada más que desear "todos los reinos del mundo y su gloria".

El poeta del siglo diecinueve William Wordsworth, frustrado por la persecución del materialismo en su sociedad, escribió un poema que también se relaciona con la búsqueda de la belleza por nosotras mismas.

> El mundo está demasiado con nosotros, tarde y temprano,
> Tenemos y gastamos, desperdiciamos nuestros poderes:
> Poco vemos en la naturaleza que es nuestro;
> ¡Hemos revelado el verdadero sentir de nuestro corazón:
> Un mezquino beneficio! (1–4).[7]
> (Traducción libre)

Creyendo en la definición de belleza del mundo, nosotras también "hemos revelado el verdadero sentir de nuestro corazón".

Dentro de mí, sin embargo, vive un insaciable y tenaz anhelo de ser libre de la norma de belleza del mundo. La simple existencia de este deseo me dice que hay algo que puedo ser más que el ideal que estoy persiguiendo.

Las chicas pequeñas sueñan y crecen. El más profundo anhelo de mi corazón es ser conocida como una mujer de Dios; por mi esposo, mis niños, por el mundo a mi alrededor.

Más allá de los sueños e ilusiones de la niñez está Alguien que me llama bella. Su voz nunca vacila, nunca cesa, aun cuando continúo mis juegos de la niñez, aun cuando me mantengo escuchando las voces de otros más que la suya.

UNA MIRADA AL ESPEJO
Reflexión personal

¿Qué imágenes de belleza conquistaban tu atención como niña? ¿Cuál es tu percepción de esas imágenes hoy?

El apóstol Pablo escribió: "Cuando yo era niño, hablaba como niño, pensaba como niño, juzgaba como niño; mas cuando ya fui hombre, dejé lo que era de niño" (1 Co. 13:11). ¿Por medio de qué formas te has mantenido en la comprensión "infantil" de belleza?

Considera 1 Juan. 2:16: "Porque todo lo que hay en el mundo, los deseos de la carne, los deseos de los ojos y la vanagloria de la vida, no proviene del Padre, sino del mundo".

Deseo de la carne. Da tres ejemplos de anuncios que usan el rostro o el cuerpo de una mujer para vender sus productos. ¿Cuáles son las promesas que esos productos ofrecen? ¿Cuán realmente pueden estos satisfacer tales promesas?

¿Qué mensaje les comunica a los hombres el uso de mujeres en los anuncios? ¿Cómo estas imágenes afectan lo que los hombres piensan de las mujeres y cómo se comportan con respecto a ellas? ¿Qué ejemplos de este tipo de respuesta ves en los hombres y mujeres que conoces?

Deseo de los ojos. ¿En qué formas usas tu cuerpo para traer gloria o afirmación a ti misma?

¿Por qué piensas que las mujeres usan sus cuerpos para provocar respuestas de otros?

Vanagloria de la vida. ¿Qué mensajes intentas enviar a otros a través de tu apariencia física? ¿Cómo encajan estos mensajes con lo que Dios dice acerca de tu cuerpo?

Menciona tres áreas de la belleza física –acorde con la norma del mundo–, en las que sientas que te falta algo para llegar a ellas.

Analiza los tres estereotipos anteriores a la luz de Génesis 3:6: "Y vio la mujer que el árbol era bueno para comer, y que era agradable a los ojos, y árbol codiciable para alcanzar la sabiduría; y tomó de su fruto, y comió; y dio también a su marido, el cual comió así como ella".

¿De qué maneras piensas que los estereotipos te pueden traer satisfacción (i.e., "son buenos para comer")?

¿En qué formas los estereotipos ignoran o distorsionan el plan de Dios para tu cuerpo (i.e., lo que es "agradable a los ojos")?

¿Cómo estos estereotipos promocionan la idea de que belleza es igual a conocimiento y poder (i.e., "hacer a alguien sabio")?

Identifica alguno de tus más profundos anhelos espirituales. ¿Tu actitud hacia tu propia hermosura física y tu búsqueda de la belleza terrenal ayuda u obstaculiza la satisfacción de ese anhelo?

• • •DOS • • •

Voces externas

En *La Casa en Mango Street*, la autora Sandra Cisneros describe el proceso de maduración de una joven.

Esperanza, la protagonista de la historia y sus dos amigas reflexionaban en el misterio de la feminidad mientras saltaban una cuerda. Imitando lo que habían aprendido de la sociedad, las jóvenes creían que la adultez llegaba con la maduración física. Con la llegada de los cambios en su cuerpo, ellas creían que el crecimiento les proveería las repuestas a las preguntas y complejidades de la vida. En su inocencia infantil, Esperanza describe la cadera de una chica como: "Rosas floreciendo". Mientras daba instrucciones a sus amigas sobre cómo moverse en el salto de la cuerda, Esperanza les recomendaba: "No tan rápido, ni tan lento", sin saber dirigir no solo el ritmo de la cuerda, sino también el ritmo del crecimiento de una chica joven. Cuando continuaron su juego, ella y sus dos amigas cantaron una canción como adelanto de las caderas que creían se formarían en ellas como mujeres:

> Algo está flacucho como labios de gallinas.
> Algo está abultado como curitas mojadas
> después que salgas de la bañera.
> Me da igual qué forma yo adquiera.
> Me tiene sin cuidado, si tengo caderas[1]

Con el paso del tiempo, sin embargo, Esperanza aprende que convertirse físicamente en una mujer, engendra muchas complejidades.

La adolescencia es confusa, un periodo de tiempo de cambios vitales. Muchas mujeres recuerdan estos años no en términos de cuán hermosas ellas se encontraban, sino cuán incómodas e inseguras creían ser. Pero la adolescencia es también un período fundamental, por cuanto es cuando una mujer joven define su percepción de belleza. Los ritos familiares de este paso a una nueva etapa, si bien son muy esperados, traen más preguntas que respuestas y muchas veces dejan a las chicas jóvenes sorprendidas de lo que son y del lugar al que pertenecen.

Las medias largas, los sostenedores, los aretes que perforan y el maquillaje son señales de la feminidad. A mi hermana y a mí nos permitieron hacer una ceremonia importante para marcar esta transición, y solo cuando mis padres consideraron el momento apropiado: "no tan rápido, ni tan lento". El ímpetu del crecimiento se incrementaba con cada acto de transición y mis padres con sabiduría controlaron el ritmo, muchas veces para mi disgusto y el de mi hermana. Pero una cosa que mis padres no pudieron mantener bajo control fue la maduración de nuestros cuerpos.

Cuando era joven, yo apenas podía esperar hasta que mi cuerpo se completara. Para mí, la llegada de senos y caderas significaba que estaba muy cerca de la adultez. Pero mucho más que mi cuerpo cambió durante la adolescencia.

Comencé a escuchar el clamor de las voces de mi familia y amigos que sin saberlo pronunciaban declaraciones que afectarían para siempre la forma en que yo me percibía. No todas las palabras fueron dichas. Yo entendí incluso aquellas que se dejaron de decir.

Voces de los coetáneos. ¿Recuerdas el día cuando guardaste las cosas de la niñez para llegar a ser la mujer en la que te querías convertir? Insatisfecha por el juego con las muñecas Barbie, tú querías ser Barbie: La chica que podía capturar el corazón de un joven, quien sabía qué buscaba en la vida y cómo lograrlo, que conocía lo correcto para decir y hacer en cualquier situación, que siempre se veía bien y lo sabía.

¿La encontraste alguna vez?

Ella era solo unos pocos años mayor que yo pero nos diferenciábamos en años luz .Ella era todo lo que yo quería ser: Alta, rubia, segura y bella. Me encontré a mí misma deseando dejar atrás mi ser poco elegante, pequeño e inseguro. Ella era un modelo; yo con ser así. Ganó el corazón de un chico; yo soñaba con ganarme la atención de él. Era el centro del grupo; yo soñaba solo con estar en el grupo. Ella nunca fue desagradable conmigo; era simplemente intocable.

Yo tenía doce años y mi familia se acababa de mudar de un pequeño pueblo en Minessota para un suburbio en las afueras de Miniápolis donde a mi papá le habían ofrecido una nueva posición en una iglesia diferente.

Queriendo encajar, con rapidez me involucré en el grupo de jóvenes de la iglesia y busqué las amistades que tanto deseaba. Pero encontrar mi lugar fue más duro de lo que había esperado. Atrás estaban los juegos de la niñez y atrás las amigas de la niñez. Un problema añadido para hacer todo más difícil: Estaba entrando en la adolescencia.

Los grupos de jóvenes de la iglesia pueden ser un lugar de entrenamiento espiritual y sanidad pero también pueden ser un desafío para la autoestima de una joven.

Vi la forma en que las personas buscaban a la bella adolescente y sus acciones hablaron muy alto. La joven esposa del pastor le pidió consejo sobre el cabello y el maquillaje. Los jóvenes se reunían a su lado. Las otras chicas querían ser como ella. Su propia hermana se autocalificó "la fea".

El tiempo y la distancia, sin embargo, son grandes maestros. Cuando recuerdo aquellos días, sospecho que aun la hermosa adolescente creía que ella nunca sería suficiente. La única cosa que ella y las demás chicas tenían en común era que cada una se veía a sí misma demasiado gruesa y nunca aceptable. Pero a la edad de doce años y aun después de los dieciséis, yo no entendí que a pesar de la forma en que las cosas aparecieron, la chica que yo percibía como perfecta no tenía al mundo en la palma de su mano.

En lugar de eso, también traté de ser como ella y haciendo esto me eliminaba a mí misma.

Yo sabía que no estaba a la altura de la norma de belleza que todas las chicas estaban tratando de alcanzar y algo en lo profundo de mí sabía que no debía suponerlo. Un domingo después de la iglesia, yo confié en la joven esposa del pastor. Llorando, le dije que estaba cansada de sentir como si yo tuviera que llamarme gorda para encajar en sus conversaciones. Ella reconoció la verdad en mis palabras pero ni su vida, ni las vidas de las otras chicas en el grupo de jóvenes mostraron ningún cambio. Pronto, yo también comencé a verme como la gorda.

Los cambios que una vez había esperado con ansiedad se convirtieron en mi veneno. Aborrecí mi cuerpo de muchacha joven aun antes de que terminara de desarrollarse, y adopté la letanía que marca tantas conversaciones de las mujeres: "Soy demasiado gorda".

Las voces que oí se convirtieron en mías.

Las voces de la familia. Llegando a casa de mi abuela en mis primeros años de la adolescencia, fui recibida por mi tío: "Tus caderas son lo bastante anchas para arrastrar un remolque".

"¿Cómo has estado?" Solamente, no era suficiente para un saludo en mi familia. Cada vez que visitaba a mi abuela me decía que tenía caderas como las suyas. Para suavizar la punzada, ella me decía que sus caderas eran lo que había atraído a mi abuelo. Pero como escuchaba la forma en que ella hablaba acerca de su propio cuerpo, yo sabía que sus palabras no eran halagos.

En ambas partes de mi familia, las mujeres eran muy bien dotadas. En cualquier reunión familiar pude ver mi herencia y mi patrimonio en los senos y caderas a mi alrededor. En la familia de mi padre, se pensaba que las caderas eran una maldición más que una señal de la feminidad, ya que eran por lo general grandes y anchas.

Mi abuela todavía hace observaciones sobre mi cuerpo cada vez que la visito. Tomando sus compras como una visita particular, subí junto con ella a la nave de medias largas en la tienda para ayudarla a encontrar la que necesitaba. Cuando seleccionamos la talla y el color que mi abuela quería, me preguntó cuál talla de medias yo usaba. Cuando se lo dije, me preguntó si yo realmente entraba bien en esa medida. Más tarde, cuando le dije que no me servirían los zapatos con la medida de seis y medio que ella me estaba ofreciendo, dijo: "Por qué tienes un pie G–O–R–D–O".

Cuando mi hermana y yo la visitamos hace poco, tomamos nuestros violines para practicar con vistas a la próxima boda en la que estaríamos tocando. Desde la muerte de mi padre, ella y yo nos sentimos más cerca de él cuando tocamos juntas. En esta ocasión particular, quisimos decirle esta experiencia a nuestra abuela.

Cuando nosotras nos encontramos en el hogar de la niñez de nuestro padre, sentimos de nuevo nostalgia por él. Pusimos nuestras partituras en una silla contra la pared y comenzamos a tocar. Las memorias de nuestro padre tocaron en nuestras cabezas cuando pusimos en contacto los arcos con las cuerdas. Al terminar la canción, miramos a nuestra abuela, esperando ver la aprobación de nuestro padre en sus ojos. En lugar de eso, vimos el ademán de sus manos que indicaba cuánto habían crecido nuestras caderas.

Decir que extraño a mi padre profundamente es decir que el agua del océano sabe ligeramente a sal. Sin duda, él fue una de las más influyentes fuerzas en mi vida. Murió de cáncer poco antes de que pudiera celebrar su cumpleaños cincuenta y uno. Fue un hombre que sabía cómo crear algo de la nada. Desde nadar en el "lago" detrás de su casa, hasta completar su doctorado en teoría musical y composición, mi padre tomaba la más simple de las experiencias y la hacía grande.

El hijo más joven de una región apartada, predicador de un pueblo pequeño del sur, mi padre conocía desde joven que sus sueños lo colocarían fuera de las fronteras de Vanceboro, Carolina del Norte. Así que hizo lo que cualquier joven hace cuando anhela ver el mundo: Se unió a las Fuerzas Armadas. Como era un dotado músico, rápidamente encontró su lugar en una banda de marcha del ejército.

Mi padre estaba huyendo de Dios cuando dejó el hogar, pero pronto descubrió que Él podía encontrarlo aun fuera de Vanceboro. Nunca tuvo la oportunidad de viajar el mundo pero descubrió el gran deseo de seguir el llamado de Dios al ministerio. Gastó los próximos 31 años tejiendo el tapiz de su vida a partir de las fibras de sus mayores amores: Dios, la familia, la música y el aprendizaje.

Nada sino Dios puede llenar el vacío creado por la muerte de mi padre. Pero cuando comienzo a vivir en la pérdida de su presencia, Dios me recuerda que debo considerar el regalo de su vida. Él me enseñó la maravilla de Dios y la maravilla de aprender, y que las dos van mano a mano: Amar a Dios es desear aprender más acerca de Él.

A pesar de todos los logros de mi padre, siempre estuvo frustrado por su apariencia física, especialmente su peso. Él vio la imagen física de un hombre exitoso que tenía la sociedad y se permitió a sí mismo, estar empequeñecido por esa norma. De este modo, perdió la visión de lo que lo hacía verdaderamente valioso. Aunque mi padre era un talentoso músico, un dotado maestro y un hombre digno de confianza, batalló hasta comprender su valor inherente.

Si bien las palabras nunca fueron dichas, él también escuchó "voces de afuera" diciéndole que no se veía como un ministro. Viendo a pastores mayores, hombres válidos que parecían ser exitosos y mirando a los comités de contratos seleccionar a sus empleados basados en la apariencia física más que en títulos, mi padre escuchó el silencioso mensaje alto y claro: La imagen del hombre indica su valor detrás del púlpito. A pesar de que la nobleza de mi padre atraía a las personas, siempre se defraudó por pensar que estas querían que él fuera alguien diferente.

Una de las pocas incongruencias de mi padre fue no ser un modelo de lo que me dijo con respecto a la relación entre el éxito y la autoestima. Lo único que él esperaba de mí era que yo hiciera las cosas lo mejor que pudiera. Dios llevaría a cabo grandes obras a pesar de mi debilidad si yo solo hacía lo mejor. Sin embargo, no vi esta filosofía reflejada en la percepción de mi padre sobre sí mismo. Su recomendación de: "Haz lo que digo, no lo que yo hago" era insuficiente para mantenerme siguiendo su ejemplo y me denigraba.

Las ideas negativas sobre sí mismo permearon el discurso de mi padre y yo aprendí esa propia evaluación despectiva. Él me reprendió cuando me sorprendió menospreciándome pero su comportamiento, inadvertidamente (de su parte y de la mía), se convirtió en una parte de mí. Después de todo, ¿cómo podía encontrar mi apariencia y mis logros aceptables cuando el hombre que yo admiraba la mayoría de las veces se encontraba a sí mismo inaceptable?

Desde el tiempo en que yo era lo bastante mayor como para entender el significado de la palabra *dieta,* la escuché a menudo, porque era parte del vocabulario cotidiano de mi padre. Por consiguiente, crecí pensando que el yogurt, la toronja y la tabla de control de peso eran esenciales en cualquier programa exitoso para perder peso. Y por cada nuevo programa de dieta, había un nuevo régimen de ejercicios al que ajustarse: *Tenis rockport* para su nuevo propósito de caminata, pelota de bolos, zapatos y una bolsa para el nuevo deporte que él esperaba disfrutar para entrenar y la pequeña cama elástica que mi hermana y yo disfrutábamos saltando más que él. La única cosa que duró más que la dieta de mi papá y los programas de entrenamiento fue el deseo de perder peso.

También observé un elemento problemático en la relación de mis padres: Él esperaba que mi madre fuera guardiana del refrigerador y de este modo la guardiana de su destino dietético. Yo, también, me encontré buscando a alguien que llevara la carga de mi pérdida de peso, alguien que no solamente me ayudara a perder peso, sino a quien podría culpar cuando me sintiera gruesa.

Un día cuando mis padres se sentaron a conversar en la mesa de la cocina, marché decidida hacia la habitación y anuncié que quería que ellos supervisaran cuántas papas fritas estaba comiendo. No estaba pasada de peso, ni mis hábitos alimenticios eran excesivos. Me estaba sintiendo fea y antipática y quería a alguien que me ayudara a cambiar externa para poder amarme internamente.

Con sabiduría, mis padres se negaron. En este punto, inmediatamente estallé en lágrimas y les dije que si no me ayudaban, quizá me convertiría en bulímica o anoréxica. Como mi padre, yo pensaba que controlar lo que comía me proporcionaría el cuerpo que quería y el sentimiento de satisfacción que tanto anhelaba.

Mi padre falleció antes de que comenzara a entender la verdad con respecto a la imagen propia. Él hubiera estado profundamente apenado de saber cuán intensamente su percepción de sí mismo me afectó. Pensó que su comportamiento solo lo afectó a él. Pero las palabras que derriban el templo de una persona crean una atmósfera y todo lo que penetra siente su influencia.

¿Qué voces de afuera escuchas? ¿Las burlas de los coetáneos de la niñez resuenan en tus oídos mucho después de haber crecido? ¿Algún padre al cual nunca pudiste complacer y por el cual nunca te sentiste lo bastante bueno? ¿Un esposo quien rara vez te dice que eres hermosa y cuyo silencio hace eco en las paredes de tu corazón?

Al escuchar las voces, buscamos formas de acallarlas. La dieta que funciona, el perfecto programa de entrenamiento, un nuevo estilo del cabello, un nuevo maquillaje. Aún, las voces sobreviven, algunas veces tan fuertes que apenas podemos escuchar la verdad acerca de nosotras mismas.

A menudo me asombro de que mi padre no pudo ver la incongruencia de la definición del mundo del valor de un hombre y sus propias habilidades dadas por Dios. Mientras más pienso en esta cuestión, más cuenta me doy de que el ideal de

Dios para su creación nunca se corresponderá con el del mundo. Una depende del espíritu del hombre que clama en fe por el omnisciente y soberano Creador del universo, mientras que la otra resulta de la manipulación y la consiguiente distorsión del espíritu del hombre para satisfacer una temporal y efímera norma mundial.

Una incongruencia así es fácil de pasar por alto cuando creemos que si solamente podemos encajar en la imagen de la sociedad entonces todo lo demás en la vida caería dentro de su lugar. Pero un lugar de paz basado en las normas de la sociedad no existe. Por el contrario, el ansia de reflejarnos en la imagen de la sociedad nos deja hambrientas de algo más. Debido a que nuestra autoestima está arraigada en nuestro espíritu, los anhelos de conocer quiénes somos en Cristo no pueden ser satisfechos por incontables dietas y programas de entrenamiento en un intento por rehacer nuestro ser físico. Una búsqueda así nunca acallará las voces. En lugar de eso, las voces de afuera con el tiempo estarán unidas a las voces internas.

UNA MIRADA AL ESPEJO

Reflexión personal

¿Qué sentimientos vienen a la mente cuando recuerdas tus años de adolescente? ¿Sentiste confianza en la mujer en la que te estabas convirtiendo?

¿Qué ideas positivas te formaste acerca de la feminidad durante la adolescencia? ¿Qué fuerzas te ayudaron a conformar las mismas?

¿Cuándo tus sentimientos sobre tu cuerpo se convirtieron en negativos?

¿Qué rol jugó tu familia en conformar tu autoestima? Sé específica al identificar cómo las palabras de los miembros de la familia te han afectado.

¿Qué otras voces han impactado la forma en que te ves a ti misma como una mujer?

Mira atrás hacia el anhelo espiritual que identificaste en el devocional del capítulo uno. ¿Cómo el escuchar las voces a tu alrededor obstaculiza la satisfacción de ese deseo?

Toma un momento para evaluar las palabras que dices como buenas. ¿Qué dice Mateo 12:36 sobre la responsabilidad que tenemos por nuestras palabras?

Las Escrituras nos dicen que el poder de la vida y de la muerte reside en la lengua (Pr. 18:21a). Comprendiendo esta verdad, necesitamos reconocer que tenemos el poder de hablar vida o muerte para aquellos que nos rodean. A menudo, las voces que escuchamos afectan más que nuestras vidas; ellas afectan las vidas de todos aquellos con los que entramos en contacto cuando repetimos los mismos patrones negativos de discursos que escuchamos mientras crecimos. Si hablar de forma negativa o acerca de otros es un área con la cual tienes problemas, pídele al Señor que ponga un guardia sobre tu boca. Si estás deseando escuchar la dirección de Dios, Él te dará la habilidad para comenzar a hablar palabras de vida a los que están a tu alrededor.

Una forma de llevar las Escrituras de tu mente a tu corazón y hacia el interior de tu vida es saborearlas palabra por palabra. Saborea las siguientes Escrituras escribiéndolas debajo o en un cuaderno de notas.

Proverbios 25:11:

Colosenses 4:6:

• • • TRES • • •

Voces internas

Escoge un momento de cualquier día y podrás escuchar la cacofonía del zumbido del mundo en tus oídos. Es un milagro que podamos escuchar nuestros pensamientos, mucho menos oír la voz de Dios.

Entonces vienen las voces con las cuales contendemos aun en momentos de soledad. Las palabras que escuchamos corriendo por nuestras cabezas en una acusación implacable y ofensiva sin fin, son voces internas.

Cada mujer las escucha pero la mayoría se siente indefensa para silenciarlas. Reconociendo el poder de las mismas, Nicole Johnson, autora de *Una vida preparada y saludable* escribió:

> Estas voces guardan nuestras almas en el sótano. Ellas nos hacen temerosos para intentar cualquier cosa nueva, ansiosos sobre lo que otros piensan sobre nosotros y nos mantienen en nuestro funcionamiento rutinario.[1]

Hemos escuchado y obedecido estos mensajes por tanto tiempo que se han enraizado en nuestros corazones y han llegado a ser las voces por las cuales vivimos: Palabras de insuficiencia, fracaso, fealdad. Ellas son las mentiras que conocemos mejor que la verdad.

Irónicamente, cuando sentimos el deseo persistente de conocer la belleza más allá de este mundo, de manera apresurada ahogamos estos anhelos para no crear ninguna tensión mayor dentro de nosotras. Lo que obtenemos como resultado es el enmascaramiento de nuestros verdaderos deseos con una sensación superficial de pertenencia.

La poesía de T. S. Eliot, antes y después de su conversión, es tan diferente como la noche y el día. *"La canción de amor de J. Alfred Prufrock"*, una de sus obras más conocidas realizada antes de su conversión, describe de manera acertada el desaliento de un hombre atrapado entre las voces del mundo y las voces de su interior. Sin poder escapar libre de las expectativas de la sociedad y no teniendo nada más por lo cual vivir, Prufrock lucha con una abrumadora indecisión.

Mientras aquellos a su alrededor ociosamente disfrutan su té y su conversación, Prufrock considera la presión que siente para convertirse en alguien diferente de lo que él es. En su interminable diálogo interior, él se atormenta,

> Habrá tiempo, habrá tiempo
> Para preparar un rostro y enfrentar los rostros que te encuentras;
> Habrá tiempo para destrozar y crear.

Cuando las voces de afuera se convierten en las de adentro, Prufrock cree que debe "eliminar" la verdad de quién es para "convertirse" en la imagen lanzada por la sociedad.

La canción de amor de Prufrock es un grito por ser conocido por el mundo que lo aprisiona en la superficialidad. Es un mundo que simula saber de la vida mientras se marchita en la muerte espiritual. Considerando esta existencia mundana y sin sentido, Prufrock dice:

> Porque los he conocido ya a todos, conocido a todos ellos
> He conocido las noches, las mañanas, las tardes,
> He pesado mi vida con cucharitas de café;
> Conozco las voces muriendo con una caída de muerte
> Por debajo de la música de la otra habitación.

Algo dentro de él susurra que fue creado para algo más que aislamiento y rechazo. Sin embargo, incapaz de encontrar su significado y valor aparte de la sociedad, es abandonado sin nada. Él terminó su afligida canción de amor diciendo:

> Hemos sobrevivido en las cámaras del mar
> Por chicas del mar coronadas con algas rojas y carmelitas
> Hasta que las voces humanas nos despertaron y nos ahogamos.[2]

Sin esperanza, Prufrock se ahogó en las voces de la desesperación dentro de su propia mente, solo para regresar al ensordecedor vacío de las voces en la sociedad que lo rodearon.

Como Prufrock, la mujer cristiana escucha las voces de la sociedad así como las voces dentro de su corazón y su mente. A diferencia de Prufrock, sin embargo, ella conoce que el verdadero significado proviene de Alguien fuera de este mundo; que la verdadera vida se halla en Cristo. A menudo, sin embargo, ella divide su vida. Puede aceptar a Cristo como el que la hace recta con respecto a su pecado pero tiene dificultad al considerarlo como su belleza.

La mujer cristiana vive con un corazón dividido, porque cree en el total amor de Cristo por ella y todavía se siente cargada por su incapacidad para amarse a sí misma. Sumada a esta frustración, teme ser la única mujer batallando en esta forma, entonces intenta silenciar las voces. Su lucha se convierte en una cuestión de orgullo espiritual. Una incapacidad para permitirle a Cristo ser suficiente hermoso para ella y una renuencia de permitirle a otros ver sus inseguridades.

Las mujeres aprenden a una edad temprana los juegos de esconder sus propios temores de fracaso y sentimientos de insuficiencia. Las mujeres cristianas no son diferentes. Midiendo nuestras vidas "con cucharitas de café", nos ocupamos con metas, logros y relaciones en un intento de sobreponernos al creciente oleaje de nuestra desconfianza. Temiendo no encontrar nunca la belleza que deseamos, o tropezar con las expectativas de aquellos a los cuales admiramos, buscamos el bálsamo que hará desaparecer el aguijón del odio que sentimos hacia nosotras mismas.

Por muchos años, creí que estaba sola en mi lucha por amarme y verme hermosa. Otras mujeres parecían confiadas en sí mismas. Yo había compartido muchos secretos con amigas pero no la aplastante sensación de insuficiencia que sentí. Hablamos sobre el amor que sentíamos por Dios y por nuestras familias, pero no compartimos nuestro miedo de no poder aprender a amarnos a nosotras mismas.

Durante años, he escuchado más atentamente las voces de otras mujeres y he aprendido que no lucho sola.

Pocas personas conocieron la profunda insatisfacción que sentí hacia mí cuando estaba creciendo. Siempre parecí ser una joven confiada en sí misma. Aprendí a enterrar mis sentimientos de disgusto bajo un montón de actividades y logros. No podía comprender mi valor inherente, entonces creé valor mediante una larga lista de actividades y éxitos académicos. Cuando las voces me dijeron que nunca sería bella, respondí a su letanía de acusaciones con mi propia letanía de logros.

Los grandes éxitos definieron quién era y el fracaso era algo a lo cual no me podía arriesgar. Producto de no poder separar lo que había hecho de lo que era, fracasar en lo que hacía era fracasar en lo que yo era. Rara vez intenté algo sin la garantía de alguna medida de éxito. Como muchas personas, temía la critica de los otros pero era mi peor crítica. Tenía miedo que las opiniones de los demás pudieran confirmar lo que creía acerca de mí.

Después de graduarme en la secundaria, dejé el hogar para entrar al colegio universitario. A pesar de mi deseo de dejar atrás las familiares pero hostiles voces, ellas viajaron conmigo.

El colegio universitario era mucho más diferente que la secundaria. En esta última, estuve recibiendo retroalimentación de cada tarea, prueba, examen y ponencia. En el colegio universitario, las tareas implicaban grandes cantidades de lectura. Las pruebas eran casi inexistentes; los exámenes y las ponencias eran asignados en el de cursar todo el semestre y algunas veces no se devolvían. El primer mes, luché para encontrar mis relaciones. Supe que mis notas habían sido importantes para mí pero esto sucedió cuando no deseé tenerlas para usarlas como una medida; entonces me di cuenta de cuánto ellas significaban. No me había percatado de que había hecho de mis notas y logros la suma de lo que era. En lugar de poner atención a esta verdad cuando me enfrenté con ella, traté aún más fuerte de acallarla.

Las actividades se hicieron más importantes que de costumbre. Me uní a clubes y competí por posiciones de liderazgo en el recinto universitario. Pero las voces estuvieron siempre conmigo. Para controlar y suprimir sus acusaciones implacables, invertí más tiempo centrándome en lo que comía y cuándo hacía ejercicios. Si bien estas búsquedas no estaban equivocadas, mi motivación sí. Me sentía infeliz con lo que era, e intentaba encontrar mi valor en otras cosas más que en Dios. Mis acciones eran motivadas por el deseo de agradar a otros más que a Dios.

Mientras más fuertemente tratemos de silenciar las voces de la sociedad buscando encontrar significado en las cosas transitorias, más alto las voces internas gritarán que no tenemos valor. Yo sabía que estaba suponiendo encontrar mi valor en Dios y aun en medio de mis luchas internas, sabía que Él era fiel. Sin embargo, siempre forcejeaba en mi interior la permanente tensión entre mi anhelo de conocer más de Dios y mi deseo por la aprobación de otros.

Más importante que esto, tuve dificultad para transferir lo que Dios pensaba sobre mí a lo que yo opinaba de mi persona. Me aferré a las palabras del profeta Jeremías: "Porque yo sé los pensamientos que tengo acerca de vosotros, dice Jehová, pensamientos de paz, y no de mal, para daros el fin que esperáis. Entonces me invocaréis, y vendréis y oraréis a mí, y yo os oiré; y me buscaréis y me hallaréis, porque me buscaréis de todo vuestro corazón" (29:11–13).

Quería la voluntad de Dios para mi vida; solo que no entendía que su plan para mí implicaba que yo me aceptara como Él me había hecho y que abandonara la búsqueda de paz fuera de mí.

Cuando alcancé confianza en mi apariencia, en la certeza del éxito y en la aprobación de otros, pensé que entonces conocería la voluntad de Dios para mi vida. Mientras las actividades me dejaban más deseosa, me convencí de que cuando encontrara mi alma gemela –el único con el cual Dios me haría pasar mi futuro–, hallaría la ansiada paz y el amor propio. El tener a alguien que se dedicara a mí y que me amara, probaría mi valía. Entonces seguramente comprendería la profundidad de los pensamientos y sentimientos de Dios acerca de mí.

Cada muchacha anhela el día en el cual encontrará a su caballero en una brillante armadura. Estando ocupada en la lectura del romance fuera de tiempo de Anne de Green Gables, no necesitaba estímulo para esperar por el hombre que sería mi Gilbert. El romanticismo de la colegiala despierta el interés de nuestros sueños y esperanzas para el futuro pero llevado al extremo, este tipo de romanticismo puede ser engañoso. Desde el punto de vista de la colegiala, la historia termina cuando la mujer y su caballero se casan y viven felices para siempre. Pero a veces los peligros de la lucha siguen a los amantes cuando se alejan a la puesta del sol. En ocasiones, el caballero no puede rescatar a la dama.

Cuando conocí a Scott, el hombre que un día sería mi esposo, encontré a un ser devoto a quien amé y cuya opinión verdaderamente valoré. Pero los lugares más profundos de mi corazón tenían hoyos que Scott no podía llenar. Mis inseguridades no cicatrizaron cuando me pidió que me casara con él, ni cuando caminamos hacia el final del pasillo y dijimos nuestros votos.

El matrimonio no disipó mis dudas personales. Si algo hizo, fue aumentar mis inseguridades no resueltas. Los problemas inevitablemente llegaron y su arribo reveló la condición de nuestros corazones. No podemos escondernos por mucho tiempo detrás de puertas marcadas como "privadas".

El matrimonio, como puede, nos hace vulnerables, aun en áreas que pretendemos creer que no existen. Las voces que estuve eficazmente ahogando durante las citas, gritaron aun antes de que llegara a casa de la luna de miel.

Como muchos recién casados, supuse que el contraer matrimonio sería como las citas del noviazgo, solo mejor. No entendí que el noviazgo es una relación compartimentada. Yo estaba ocupada en las actividades escolares; él, en las del ministerio y el tiempo que pasábamos juntos constituía nuestro pequeño mundo. Sin embargo, en el matrimonio, nos perturbábamos por pequeñas cosas. Durante las citas del noviazgo, fuimos siempre grandes comunicadores pero en el matrimonio nos dimos cuenta de que teníamos mucho que aprender. Con demasiada frecuencia permitía que mis suposiciones llenaran los espacios que no entendía sobre Scott. Con cada incomprensión, las voces se hacían más altas y mis inseguridades, más duraderas.

Estuve esperando con entusiasmo el día en el que Scott y yo nos conociéramos más íntimamente, pero no esperé los matices de la falta de comunicación que el sexo puede traer a una relación. La idea de que la relación sexual es igual al amor es un mito complejo de disipar, aun cuando sabemos que es falso. Sin intención de hacerlo, comencé a usar los aspectos físicos de nuestra relación para juzgar la valoración que tenía mi esposo sobre mí. Cuando estaba demasiado cansado o estresado para la intimidad física, perdía la oportunidad de ampliar mi comprensión del amor. En lugar de eso, escuchaba las voces diciéndome que si fuera más delgada, él me querría a pesar de todo lo demás que estuviera sintiendo.

Aun la forma en la que empleaba su tiempo se convirtió en una medida de mi propio valor. Si sentía que no estábamos pasando suficiente tiempo juntos, concluía pensando que no era lo bastante linda. Debido a que mis inseguridades bloqueaban la verdadera naturaleza del conflicto, trabajar hacia una solución era imposible. Mis cuestiones de autoestima, más que mi Creador, estaban controlando la relación con mi esposo.

La ironía de estas voces es que las de mi esposo nunca pararon de decirme que era bella o que él me amaba. Simplemente no lo escuchaba. Más exactamente, estaba eligiendo no creer en él. Mientras que mi matrimonio era uno de los más grandes regalos de Dios para mí, este no silenció las voces porque mis inseguridades fueron más rápido que la relación con mi esposo. Ellas fueron de la esencia de quien yo era, a mi relación con Cristo.

Sabía –con mi cabeza, pero no con mi corazón–, que mi belleza y valor se encontraban en Cristo. Pero debido a que estimaba la hermosura de este mundo, creí que mi valor estaba en la misma. Y por causa de que mis valores estaban basados en las normas de este mundo, yo imaginaba que los otros determinarían mi valía de la misma manera.

Cuando me uní a un programa cristiano para disminuir de peso, pensé que había encontrado la respuesta. Acallaría las voces, buscando el cuerpo que siempre había querido, y me dedicaría a Dios en el proceso. Mi motivo, sin embargo, era equivocado. Estaba uniéndome al programa no para llegar a ser saludable, sino delgada. No estaba buscando a Dios para que pudiera crear un nuevo corazón en mí; estaba dirigiendo hacia Él mi pérdida de peso para que me creara una nueva apariencia con la que pudiera vivir.

Había encontrado una nueva forma de ahogar las voces pero ellas continuaban oyéndose. Cuando me miré en el espejo y escuché *estoy tan gorda,* seguí el programa más enérgicamente y combatí las voces con mi hoja de control de consumo de grasas. Cuando me miré en el espejo y escuché *nadie me ve hermosa,* repetí todos los cumplidos que había oído de los demás por mi pérdida de peso. Cuando me miré en el espejo y oí *nunca la tendré como otras mujeres,* miré a la más pequeña talla de mi ropa interior que ahora me queda bien.

Pero realmente no estaba venciendo a las voces. Las estaba alimentando. Al tiempo que perdía peso, me podía aceptar como persona. Mi valor aún provenía de mi apariencia externa. Solo ahora había hecho de la pérdida de peso una disciplina espiritual. Incluso comencé a igualar el ser delgada con el ser espiritual.

Luego de trece semanas dentro del programa, había perdido veintidós libras. Nunca me sentí tan bien conmigo misma. No había estado tan delgada desde que alcancé la pubertad. No solo me sentí en control de mi peso, sino de mi espiritualidad. Seguir a Dios se había convertido cada vez más en un formalismo:

Comer pollo frito era pecaminoso, mientras que comer vegetales crudos era divino. Asimismo, mientras más ejercicios practicaba, más espiritual me sentía. Creí que debido a que había estado infeliz conmigo misma, Dios se había sentido infeliz conmigo. Pensé que mi dolor e inseguridad eran consecuencias de no ser la persona delgada que Dios quería que fuera. Ahora que había adelgazado, podía comenzar a agradarle. Pero mi alegría colgaba de una frágil hebra de hilo.

Una vez que satisfice mi meta del peso, empecé el segmento mantenido del programa. Debido a que había comenzado a acostumbrarme a asumir límites rígidos en mi alimentación, no sabía cómo devolver las comidas seguras a mi dieta. Mi peor temor era que pudiera aumentar el peso que había perdido con tanto trabajo. Cuando comencé a engordar, mi autoestima no fue la única parte de mí que recibió un golpe. Pensé que no solamente había fallado en el programa y a mí en lo particular, sino también a Dios.

Le había pedido a Él que cambiara la forma en que yo me veía, que me ayudara en la dieta, a hacer ejercicios cada día, a encontrar las ropas adecuadas, que me hiciera cualquier persona menos yo misma. Pero en todas las peticiones por solucionar mis inseguridades, nunca le había pedido que cambiara mi corazón, hasta una tarde de domingo.

Al salir de la iglesia y llegar al hogar, fui hacia la habitación y me acurruqué en la cama, preparé las ropas y todo. Había llegado al fondo. Sintiéndome destrozada y emocionalmente gastada, comencé a llorar. Le supliqué a Dios que me cambiara. Pronunciando las palabras en alta voz por primera vez, le dije que me odiaba y que detestaba mi cuerpo. Pero no quería continuar odiándome, no quería continuar persiguiendo la oscura imagen de belleza que el mundo me había ofrecido. Aquel día, dejé de pedirle a Dios para que me hiciera delgada y bella. En lugar de eso, le pedí que me enseñara a entender la belleza que Él ve en mí. Aquellas simples palabras comenzaron un viaje. Un viaje al entendimiento de la inestimable hermosura desde el corazón de aquel que pagó el precio con su vida.

Mi lucha con las voces internas me ha enseñado que debo encontrar mi valor en aquel que me da valor. Rodeándome de éxitos y logros no pude convencerme de mi valor, tampoco buscando el amor de otros, ni cambiando la forma en que me veía.

Las voces internas se desarrollan sobre la debilidad. Pero un profundo mensaje está esperando para ser escuchado: Fuimos hechos para algo más. Contrario a lo que las voces nos dicen, no podemos hacernos valer más, cuando nos sentimos carentes. Dios está para ser nuestra fuerza y su fuerza se perfecciona en la debilidad. (2 Co. 12:9).

En nuestra batalla contra las voces internas y externas, debemos reconocer cuatro verdades importantes:

Primero: Debemos permitir que las palabras que escuchamos de los demás sean filtradas a través de las Escrituras, las cuales indican los pensamientos en los que debemos concentrarnos:

> Por lo demás, hermanos, todo lo que es verdadero, todo lo honesto, todo lo justo, todo lo puro, todo lo amable, todo lo que es de buen nombre, si hay virtud alguna, si algo digno de alabanza, en esto pensad (Fil. 4:8).

La crítica constructiva tiene su lugar pero las acusaciones de fracaso e incompetencia, no. Cuando escuchamos lo que otros dicen sobre nosotras y sobre ellos mismos, debemos determinar si la repetición de esos comentarios fortalecerán o socavarán nuestro entendimiento de quiénes somos en Cristo. Escuchar es una opción; es atender seriamente a la información. Escuchamos palabras de fracaso en nuestras mentes, porque escogemos seriamente darles audiencia.

Segundo: Debemos cambiar la manera en que hablamos acerca de nosotras. Quizás estemos pescando elogios, tal vez realmente creamos lo que decimos, o quizá pensemos que si nos herimos primero, entonces las palabras de otros no nos lastimarán tanto; o tal vez los comentarios negativos son un pobre intento de humildad. Pensamos que diciendo cosas negativas sobre nosotras mismas, esto nos guardará de convertirnos en orgullosas y de este modo nos hará espirituales.

Cualquiera que sea la razón, el resultado es el mismo. Cuando nos ridiculizamos, maldecimos la creación de Dios. Básicamente le decimos: "Yo sé que tú dijiste que era perfecta pero no creo que sea lo bastante buena". ¿Cómo podemos alabar y adorar a Dios y con la misma boca, maldecir su creación? Las Escrituras dicen: "Sean gratos los dichos de mi boca y la meditación de mi corazón delante de ti, oh Jehová, roca mía y redentor mío" (Sal. 19:14) y Jesús enseñó: "...de la abundancia del corazón habla la boca" (Lc. 6:45). Palabras denigrantes revelan un problema del corazón. Este último está escuchando al que se lleva la vida y no al dador de la vida.

Tercero: Debemos aprender a identificar las palabras dichas por aquel que busca destruir nuestras almas. Satanás es un mentiroso. Nosotros sabemos que él viene solo "...para hurtar y matar, y destruir..." (Jn. 10:10). El engaño está en el centro de su ser y por eso todo lo que habla es para anular la verdad. Podemos identificar sus palabras cuando las escuchemos: Habla palabras de rechazo, odio, fracaso y descontento.

"Nunca estaré a la altura".

"Nunca podré ser bella".

"Soy la suma de todos mis fracasos".

"Si fuera delgada, sería más feliz".

"Si fuera más linda, las personas me amarían".

"No soy buena para nada".

"Soy tan fea".

"Necesito cambiar la forma en que me veo".

"Si tuviera ropas nuevas, estaría satisfecha con la forma en que luzco".

"Soy tan gorda".

Todas son mentiras. Palabras de muerte, no de vida. Si él puede convencernos de que no tenemos valor, nos puede inmovilizar y alejarnos de la satisfacción del plan de Dios para nuestras vidas. Por temor al rechazo, no alcanzaremos a los demás. Nos revolcaremos en el odio propio. Por temor al fracaso, no seguiremos nuestro sueño. Nos ahogaremos en el descontento.

El clamor de las voces resuena en nuestras cabezas, mientras que con valentía pegamos sonrisas en nuestros rostros. Con tranquilidad nos decimos que debemos vivir con las voces y pretender tener la paz y confianza propias que anhelamos lo cual se desliza por nuestros dedos con cada palabra de desaprobación a una misma. Y entonces las voces se hacen más crueles:

"Si realmente Dios se preocupara, no habría hecho que lucieras de esta manera".

Si no puedes creer que Dios te ama tal como eres, su amor no debe ser real".

"Si fueras realmente espiritual, no lucharías para amarte".

Mentiras. Todas son mentiras. Cuando las llamamos como lo que son, pierden su poder y la verdad comienza a hacerse más clara. La belleza existe y Dios espera por nosotras como un amante paciente.

Finalmente, debemos escuchar lo que Dios tiene que decir acerca de nosotras.

> *Antes del comienzo del tiempo, yo te conocía. Sabía el color que tendrían tus ojos, y podía oír el sonido de tu risa. Como un orgulloso padre que cuida una foto de su hija, cuidé la imagen tuya en mis ojos, porque fuiste creada en*

> *mi imagen. Antes del comienzo del tiempo, te escogí. Dije tu nombre en los cielos, y sonreí cuando su melodía resonó en las paredes de mi corazón.*
>
> *Tú eres mía. Mi amor por ti se extiende más allá de las estrellas en el cielo y es más profundo que cualquier océano. Eres mi perla de gran precio, la única por quien lo di todo. Te tengo en la palma de mi mano protegida. Te amo aun cuando estás frente a tu fracaso. Nada de lo que digas o hagas puede provocar que deje de amarte. Soy incesante en mi búsqueda de ti. Aléjate de mí – yo te amaré. Despréciame –yo te amaré. Recházate –yo te amaré. Tú ves, mi amor por ti fue asesinado antes de la fundación del mundo y nunca lamenté el sacrificio que hice por ti en el Calvario.*
>
> *Cuando veo cada parte de lo que eres, me maravillo del trabajo de mis manos, porque susurré palabras de anhelos y deseos, y exististe. Tú eres hermosa, y tengo placer en ti: Corazón, mente y cuerpo. Tú eres mi deseo. Cuando viras la cabeza por vergüenza y desprecio a lo que he hecho, aún llego a ti con dulce pasión. Tú eres mi amada y soy tuyo* (Adaptación del autor de 1 Juan 3:2; Isaías 43:1; Mateo 13:46; Efesios 1:4; Apocalipsis 13:8; Cantares 7:10; 6:3).

Dios desea que conozcamos su belleza pero debemos elegir cómo responder a las voces que escuchamos.

Las voces externas e internas tuercen la realidad. Escuchar la voz de Dios sobre los improperios destructivos es una batalla en desarrollo. Nunca podremos silenciar las voces pero podemos elegir si las voces definen quiénes somos o no. Dios sigue esperando para dirigirnos en un viaje hacia el conocimiento de la verdadera belleza, un viaje que comienza escuchando con atención su corazón y mirando fijamente en el espejo de su Palabra.

UNA MIRADA AL ESPEJO
Reflexión personal

1. Filtra a través de las Escrituras las palabras que escuches de otros.

Piensa en las "voces internas" que influyen en la forma en que te ves. Tal vez quieras remitirte a la sección de aplicación personal del capítulo dos. Considera estas voces a la luz de lo que dice la Palabra de Dios.

A medida que tu día avance, ten presente aquellas voces que tocan en tu mente. Cuando oigas alguna cosa que no concuerda con Filipenses 4:8, detente y pídele al Señor que te ayude a enfocarte en palabras que le agraden a Él y que reflejen su percepción de la verdad y la belleza.

2. Cambia la forma en que hablas sobre ti.

Evalúa tu propio discurso. ¿Qué cosas negativas dices sobre ti? ¿Por qué?

Lleva este asunto ante el Señor en oración.

3. Aprende a identificar las palabras dichas por aquel que busca destruir tu alma.

Escribe abajo algunas de las mentiras que Satanás lanza en contra tuya. Cuando estas mentiras comienzan a formarse en tu mente, di la verdad y llámalas como lo que son: Mentiras. Encuentra un versículo de las Escrituras para hacer frente a cada mentira; bórrala y escribe la verdad bíblica cerca de la misma.

4. Escucha lo que Dios dice acerca de ti. Lee lo que Dios conoce y cree acerca de ti, escríbele una respuesta a Él. Sé honesta en tu respuesta.

• • • CUATRO • • •

Espejo, espejo

No puedo recordar el día exacto en el que el espejo se convirtió en mi cárcel pero supe que estaba siendo llevada en contra de mi voluntad cuando me di cuenta de que estaba buscando afirmación desde un objeto que podía solo reflejar lo que yo escogía ver. Ciertamente hubo algunos días en los que me alejaba de mi rutina de la mañana frente al espejo pensando: "No tan mal". Pero eran más seguidos los días de: "Si solamente". "Si tan siquiera mi cabello fuera más largo". "Si solo mi cabello fuera más corto". "Si por lo menos fuera más alta". "Si solo mis ojos fueran carmelitas". Y el siempre presente: "Si solamente fuera más delgada".

Como en otros tiempos, el espejo es mi sala de tribunal donde el jurado, de una sola persona, prejuiciado por capricho y humor, decide un veredicto de mi valor.

Los espejos son una parte en la vida de cada mujer. Nicole Johnson describió de forma conmovedora la ansiedad que las mujeres sienten cuando ven sus propios cuerpos:

> El terror crispa mi columna vertebral antes de incluso irme a la cama. Conozco con antelación lo que tengo por delante hoy. Me quedo completamente tranquila y dejo que la seguridad de mi sábana me envuelva. Quizá si lo ignoro, desaparecerá. El trabajo duro que llenará mi día ya escurre cada onza de energía en mi cuerpo. El pavor de todas las caminatas, la barrera interminable del examen inquisitivo, las lágrimas.
>
> Tengo que comprarme un traje de baño hoy.
>
> ¿Qué es una adquisición como esta que hace débiles mis rodillas y a mi autoestima caer en picada? Tal vez es pensar sobre cómo mirar a mi cuerpo desde una posición inferior a la de las luces que encuentran cosas que el telescopio Hubble pudiera dejar pasar. Quizás es el hecho de que la parte superior de mis piernas se ven como la superficie de la luna. Tal vez es la inutilidad de intentar hacer una pieza elástica de tela cuyo tamaño del sostenedor de barriga cubra el kilómetro cuadrado de mi parte posterior. Pero de alguna manera esta sola actividad me movía de una mujer madura y confiada en sí misma a sentir como si volviera a la secundaria.[1]

Mientras más fijamente nos miramos en el espejo de las imágenes terrenales, más vulnerables nos sentimos. Para hacer la guerra contra las pocas alentadoras imágenes reflejadas por el alumbrado fluorescente en los espejos de los vestuarios de las tiendas, ajusto la mirada de mi cuerpo vulnerable con posturas variadas y ojos inclinados.

Especialmente inquietantes son los inesperados momentos frente al espejo. Mientras doy un paseo a través de un centro comercial con un café helado y chocolate recubierto con montones de crema batida, de repente, aparece un espejo. En estas ocasiones me pregunto: "¿Realmente soy yo?" Esta pregunta inicia una avalancha de autoevaluación: ¿Mis caderas sobresalen tanto? ¿Mis senos realmente cuelgan tan abajo? y ¿por qué no me siento tan pequeña como me veo?

La ironía de los espejos es su poder de convocatoria. Estoy atraída por la posibilidad de que el próximo espejo en el que me mire me mostrará lo que yo quiero ver. Quizás entonces estaré contenta. Pero ahí está el problema. Yo espero encontrar contentamiento cuando me guste lo que veo. ¿Cómo puede gustarme lo que veo cuando miro fijamente con los ojos terrenales hacia una imagen que no fue creada por el mundo?

Igualmente alarmante es mi falta de reconocimiento cuando de forma inesperada me veo en un espejo. ¿Cómo no puedo reconocer un rostro que veo cada día mientras me cepillo los dientes? Quizá no reconozca la imagen que veo porque mi "poder de ajuste" tiene una dominante influencia por encima de mi propia percepción y de mi memoria.

Jay Gatsby, el protagonista en la novela *El gran Gatsby* de F. Scott Fitzgerald, se hace una nueva creación de sí mismo y de su entorno para agradar a su amada Daisy. Cuando vuelve a reunirse con ella después de muchos años, él ve su organizado mundo a través de los ojos de ella y encuentra que "siempre es entristecedor mirar las cosas sobre las cuales tú has consumido tus propios poderes de ajuste, a través de ojos nuevos".[2]

Él rinde su ser a la ilusión del sueño americano y a las expectativas de la sociedad. Finalmente, no pudo distinguir por mucho tiempo el Gatsby real del Gatsby creado. Lo que Gatsby nunca comprendió fue la verdad de que sus ilusiones nunca pueden estar a la altura de las expectativas de Daisy o de la sociedad porque ellas requerían un rechazo de lo que él realmente era. Al final, sus sueños rotos lo conducen a ambas muertes: La espiritual y la física.

Como Gatsby, intento volver a convertirme en un "yo" bien organizado, o negar aquellas partes de mí que no encajan en la definición de belleza del mundo. Ambos actos me dejan sorprendida de quién soy y anhelando ser conocida. Tristemente, mi preocupación con la imagen del mundo más que con la imagen de Cristo, me deja destrozada como Gatsby, e incapacitada para reconocer a la mujer que Dios ha querido que sea.

Muchas veces he pasado frente al espejo y he esperado descubrir mi verdadero yo, como si el cristal tuviera el poder para revelar quién soy. Hay un solo lugar, sin embargo, donde puedo encontrar mi verdadero reflejo. Los ojos de mi Creador, mi Padre Dios, reflejan las respuestas de mis más profundos anhelos de valor propio, de mis más hondos deseos de ser conocida.

Como mujeres cristianas, debemos defender la verdad de que las Escrituras son el espejo de belleza a través del cual nos vemos. Debido a que vivimos en una cultura movida por las imágenes visuales, debemos ocuparnos por buscar imágenes visuales de belleza física en las Escrituras, que sirvan como nuestra propia escala de medida. ¿Cuán alta era la reina Ester? ¿Cuánto pesaba Rut? ¿Cuánto tiempo le tomó a María regresar al peso que tenía antes de salir embarazada? ¿Cuál era el color de los ojos de Raquel?

En el principio fuimos creados a imagen de Dios (Gn. 1:27) y las Escrituras incluso definen a determinados individuos como seres físicamente bellos: "Raquel era de lindo semblante y de hermoso parecer" (Gn. 29:17). David fue descrito como "rubio, hermoso de ojos y de buen parecer" (1 S. 16:12) y Abigail como una "mujer de buen entendimiento y de hermosa apariencia" (1 S. 25:3). También, Betsabé "era muy hermosa" (2 S. 11:2) y Absalón era alabado por su hermosura (2 S. 14:25). En la historia de Ester, el autor menciona la belleza de ambas, o sea, de ella y de Vasti (Est. 1:11; 2:7). Y finalmente, Salomón dice de su amada: "Hermosa eres tú, oh amiga mía, como Tirsa, de desear como Jerusalén" (Cnt. 6:4).

Sin embargo, estos pasajes fracasan en definir la belleza. No hemos dicho nada sobre estilos del cabello, tamaño de cadera, medida de los senos, peso o estatura.

Muy a menudo, igualamos la norma de belleza de Dios con la del mundo. Muchas son las mujeres de carácter, integridad y honor de quienes las Escrituras poco dicen acerca de la belleza de su apariencia física: Débora, Rut, María, Ana, para nombrar algunas. La definición de belleza de Dios viene a nosotras de modo distinto al que podemos esperar.

Para entender la verdadera belleza, debo comprender a quién pertenezco. El mundo no me creó y no me conoce. Dios lo hizo y lo hace. Mi existencia vino de la voluntad de Dios, el Omnisciente, Omnipotente Creador que ve las obras de sus manos y las llama "buenas". El apóstol Juan dice: "Mas a todos lo que le recibieron, a los que creen en su nombre, les dio potestad de ser hechos hijos de Dios; los cuales no son engendrados de sangre, ni de voluntad de carne, ni de voluntad de varón, sino de Dios" (Jn. 1:12–13). Fui creada en una magnífica efusión del amor de Dios y soy privilegiada.

¿Entonces cuál es la definición de belleza de Dios?

Encontramos la respuesta en un pasaje fundamental para la cristiandad pero rara vez considerado cuando se define la belleza: "Porque de tal manera amó Dios al mundo, que ha dado a su Hijo unigénito, para que todo aquel que en él cree, no se pierda, mas tenga vida eterna" (Jn. 3:16).

Tal vez te asombres de cómo las Escrituras definen la belleza. El más hermoso acto entre Dios y el hombre fue el ofrecimiento de su propio Hijo para ser el sacrificio por nuestro pecado.

La belleza de Dios es pura e inmaculada. Es eterna y da vida. Requiere total vulnerabilidad, una desnudez del alma delante de Él. Es real porque es la verdad. La salvación es la unión de todas estas cosas: "Porque Jehová tiene contentamiento en su pueblo; hermoseará a los humildes con la salvación" (Sal. 149:4). La salvación es verdadera belleza: La definición de Dios de la hermosura. Debido a que he sido comprada con lo que es eterno, no puedo encontrar mi comprensión de la belleza en lo que es temporal.

Cuando baso mi valor en las normas del mundo, mi amor por mí es condicional: Prometo amarme a mí misma si pierdo peso, si me gusta la forma en que me veo, si obtengo la aprobación de otros, si tengo éxito en mis esfuerzos. Pero el amor de Dios por mí es incondicional. Él nunca me amará más o menos de lo que lo hace en este momento y tiempo.

Considera la ironía de que encontramos nuestra belleza en alguien que es descrito como desprovisto de forma o encanto, sin belleza para que le deseemos (Is. 53:2). Debido a la comprensión superficial del mundo sobre la belleza, aquellos que son mundanos no pueden ver la verdadera hermosura de Cristo; de modo que lo perciben como desprovisto de forma o encanto. Sin embargo, debido a que Dios es aquel por medio del cual la verdadera belleza emana, Cristo es la hermosura encarnada, no acorde con la definición del mundo pero sí con la de Dios.

Así que, la belleza de una mujer debe ser encontrada en y definida por cosas que son eternas, dan vida y son verdaderas. Debemos desear cosas que nos acerquen a Cristo y nos conduzcan a la plenitud de la vida en Él. El Señor es nuestra salvación; así que también es nuestra belleza. La única forma en la que siempre conoceremos la verdadera y pura belleza física es buscar una vida de verdadera y pura belleza espiritual.

El libro de Rut nunca menciona su apariencia física. Pero cada vez que leo su historia, la percibo como hermosa porque sus elecciones exhiben verdadera belleza y un carácter genuino. Ella persiguió lo eterno en su decisión de servir al único y verdadero Dios. Entonces llevó esta gracia divina y dio vida a todos aquellos que la rodeaban, de manera específica a Noemí, su suegra y a Booz, su futuro esposo. Finalmente, ella vio cosas que eran puras y verdaderas, como se evidenció en las palabras que Booz le dijo: "toda la gente de mi pueblo sabe que eres mujer virtuosa" (Rt. 3:11b).

Para las normas del mundo, Rut pudo haber sido sencilla o bella; no lo sabemos. Sin embargo, la cuestión de su atractivo físico es irrelevante a la luz de su determinación de seguir a Dios. La belleza de su carácter superó su apariencia física y llegó a ser la verdadera hermosura por la cual su vida fue notable.

La historia de Rut ejemplifica que una mujer de Dios llega a ser bella cuando adora a aquel que es hermoso. Los Salmos resuenan con la relación entre la belleza del Señor y la adoración: "Una cosa he demandado a Jehová, esta buscaré, que esté yo en la casa de Jehová todos los días de mi vida, para contemplar la hermosura de Jehová, y para inquirir en su santo templo" (Sal. 27:4).

Cuando nos entregamos a una apasionada vida de adoración, vemos la belleza de Dios y nos encontramos en Él. Si nos sumergimos en una vida de adoración al Omnipotente Dios, encontramos el propósito por el cual fuimos creados. De repente, las cosas de este mundo, incluyendo su norma de belleza, llegan a ser insignificantes. El salmista escribió: "Alabanza y magnificencia delante de él; poder y gloria en su santuario... Adorad a Jehová en la hermosura de la santidad" (Sal. 96:6, 9a). En adoración, las falsas pretensiones y los anhelos artificiales –propios de nosotras o aquellos que son de otras–, se desmoronan ante un santo y sorprendente Dios. Cuando me levanto y pienso en la majestad de su nombre y las obras de sus manos, mi peso, mi estatura, el tamaño de mi copa, y mi estilo del cabello ya no importan.

Sumergiéndonos en la adoración no termina la definición de belleza; esto simplemente comienza la discusión. Quizás has escuchado el dicho: "Lindo es cuando nos hacemos lindos". La belleza de Dios que descubrimos en la adoración debe emanar de nuestras vidas. Estas irradiarán belleza cuando. "Sea la luz de Jehová nuestro Dios sobre nosotros, y la obra de nuestras manos confirma sobre nosotros, sí, la obra de nuestras manos confirma" (Sal. 90:17). Tomando de la naturaleza de Cristo, nuestra apariencia física llega a ser una vasija de su belleza que brilla a través nuestro.

Considera otra vez la historia de Rut. Debido a su fidelidad en la adoración, su vida produjo excelencia y belleza y llegó a ser parte del linaje de aquel que es hermoso por todo (Mt. 1:5). La verdadera belleza es una vida vivida para Cristo.

Las personas hoy gastan millones, quizá billones, de dólares buscando restaurar la belleza de su juventud. Dios busca restituir nuestra belleza pero no a través de reducciones de barriga por cirugía plástica, mejoras de rostros, cremas milagrosas, o modernos estilos de pelo. Él anhela restituir nuestra belleza desde lo profundo de nuestro interior.

Conociendo la prostitución de la belleza terrenal, el profeta Oseas proporcionó una imagen de la verdadera hermosura. Al hablar de la restauración de Israel, escribió: "Se extenderán sus ramas, y será su gloria como la del olivo, y perfumará como el Líbano" (Os. 14:6). El estudioso del Antiguo Testamento Marvin Wilson explica esta imagen en su libro *Nuestro Padre Abraham*:

> Para aquellos del Occidente (Oeste), la planta de olivo, con su nudoso tronco, con suaves y verde–grisáceas hojas, no parece ser un árbol particularmente bello. Pero para aquellos del Oriente (Este), la planta de olivo

> tiene una apariencia artística que ha sido admirada por las edades... Las plantas de olivo eran famosas por su longevidad... Las raíces de las plantas de olivo (cp. Ro. 11:18) son extraordinariamente robustas; prosperan en la tierra rocosa y en el caliente y árido clima del país... Las plantas de olivo eran muy estimadas por su productividad... [Y la] rama de olivo por largo tiempo simboliza la paz (cp. Gn. 8:11).[3]

Las mujeres inundadas por la belleza terrenal pueden encontrar la verdadera belleza solo escuchando y aplicando los mensajes de belleza de Dios. Plantadas profundamente en la tierra de la adoración, encontraremos la belleza restaurada al conocer que somos únicamente creadas por un Dios artístico, quien modeló la máxima belleza para nosotros en el regalo del sacrificio de Cristo; que somos creadas para cosas eternas y que podemos llevar adelante el fruto de Cristo porque la salvación en Él produce una vida hermosa.

La adoración me enseña lo que significa poseer belleza verdadera y satisfacer mis anhelos más profundos de ser conocida. El apóstol Pablo escribió: "Pero si alguno ama a Dios es conocido por él" (1 Co. 8:3). Las preguntas de: "¿Esta soy yo realmente?" Que hace mi corazón son respondidas al conocer que aquel que me dio la existencia y me conoce, también me ama.

Sin embargo, el conocimiento de mi persona y de la voluntad de Dios, está encubierto en esta tierra, como lo reconoció Pablo cuando escribió: "Ahora vemos por espejo, oscuramente, mas entonces veremos cara a cara. Ahora conozco en parte, pero entonces conoceré como fui conocido" (1 Co. 13:12).

Pero mis limitaciones no limitan al infinito Dios. Yo ya soy "completamente conocida" por el único que lo conoce y lo ve todo. Esta verdad concilia la tensión entre mis más profundos anhelos de ser conocida y mi comprensión de que mi propio conocimiento será limitado en esta parte del cielo. Para alcanzar esto en fe, debo descansar en la certeza de que Dios me conoce íntimamente y de que su inteligencia crea un destino divino para mi vida.

Espejo, espejo en la pared, yo sé quién es el más hermoso de todos. Su nombre es Jesús y debido a Él no puedo definir la belleza como lo hace este mundo. Lo físico y lo espiritual están intrínsecamente unidos y debo vivir una vida gobernada por el Espíritu. Por lo tanto, los modelos de belleza que busco estimular deben ser mujeres de adoración cuyas vidas estén gobernadas por el Espíritu de Dios y exhiban el fruto de Cristo. Cuando paso por delante de mi reflejo en espejos y ventanas de las tiendas, debo elegir ver mi rostro a través de uno de los dos: El espejo de la Palabra de Dios o el de este mundo. La opción que escoja es la diferencia entre la vida y la muerte. Es la diferencia entre crear un ídolo y ser el templo.

UNA MIRADA AL ESPEJO
Reflexión personal

A menudo nos dividimos en aspectos que nos gustan de nosotras y aquellos que no nos agradan. Por ejemplo, una mujer puede decir que le gustan sus ojos pero odia sus piernas. ¿Te ves en términos de partes?

¿Creó Dios partes de nosotras a su imagen o todo nuestro ser?

¿Murió Jesús para redimir partes de lo que somos o todo nuestro ser: Cuerpo, mente y espíritu?

¿Tu definición de belleza refleja la idea divina de total redención? ¿Por qué o por qué no?

La adoración es una vida que se manifiesta en la presencia de Dios. Pídele al Señor que te enseñe (o continúe enseñando) qué significa vivir delante de Él momento tras momento.

¿Cómo puede la adoración traer liberación de la norma terrenal de belleza?

Teniendo en mente que Sión es un lugar de alabanza, lee el Salmo 50:2. Explica cómo las Escrituras presentan un correcto conocimiento de belleza.

Lee Santiago 1:23–25. ¿Qué enseña este pasaje acerca de la Palabra de Dios como un espejo para nuestras vidas? En otras palabras, si somos un reflejo de la imagen de Dios, ¿qué haremos?

· · · CINCO · · ·

Ídolos y templos

Ella trata de ocultar las dudas y miedos que pesan sobre sí pero sus acciones hablan más alto.

Ella, también, escucha las voces. Para colocar sacrificios a los pies de los ídolos, ella destruye su templo. No hay becerros de oro o estatuas de Baal escondidas en su casa pero mira en los secretos de su corazón, los lugares escondidos de sus inseguridades y sus ídolos abundan. No todos los ídolos y templos están hechos de ladrillo, piedra, u oro.

Las acciones de cada día, tan rutinarias, se convierten en una parte de lo que somos. No podemos reconocer la idolatría en nuestro propio comportamiento, mucho menos si somos el sacrificio.

Adoración de ídolos Diferentes mujeres, distintos rituales. El mismo deseo: Aceptación, de otros y de sí misma. La mujer que da vueltas sin fin en el ciclo de las dietas que están de moda en busca de la figura perfecta. La mujer que necesita joyas costosas para sentirse preciada. La mujer que se pesa antes y después de ir al cuarto de baño en espera de que los números cambien. La mujer que cree solamente ser tan buena como ella luce. La mujer que se obsesiona con todas las cosas que come, calculando las calorías y la grasa de cada bocado. La mujer que cambia el color de su pelo para combatir su humor mientras busca el aspecto que la haga sentirse cómoda consigo misma. La mujer que toma pastillas para hacer dieta con el objetivo de perder "solo unas pocas libras de más". La mujer que no puede salir en público sin maquillarse porque se siente demasiado vulnerable. La mujer que no puede comer en reuniones públicas por temor a que otros juzguen lo que ella come. La mujer que no puede faltar a una sesión de ejercicios en el gimnasio y que se regaña si reduce su tiempo en la máquina que permite caminar o correr en el mismo lugar. La mujer que se come en exceso y vomita, desesperadamente, buscando controlar no solo su peso sino también su vida. Diferentes mujeres, distintos rituales. La misma esclavitud.

Infelicidad. Falta de poder. Esclavitud. Nuestros ídolos son variados pero nos dejan con sentimientos similares. La verdad de nuestra idolatría es patética: Nos cuidamos más por lo que otros piensan sobre nosotros que por lo que piensa Dios.

Aunque no nos inclinamos ni oramos ante dioses de oro y piedra, sí lo hacemos ante la imagen de este mundo cuando continuamente nos medimos por las normas de éxito y belleza. No solo somos incapaces de reconocer nuestra belleza en Cristo, a menudo distorsionamos lo que Él ha hecho en un intento desesperado por remodelarnos en la imagen del mundo. Vendemos nuestra verdadera belleza por un manojo de suciedad cuando permitimos que las características externas determinen nuestro valor. Al convencernos de que el mundo sabe más sobre cómo evaluar la belleza que como lo hace el Creador de la misma, cambiamos lo eterno por lo temporal, la pureza por la sensualidad, la integridad por la aceptación.

Israel, también, cambió la belleza espiritual por la idolátrica belleza del mundo. Hablando en contra de la profanación israelita del templo de Dios, el profeta Ezequiel declaró: "Por cuanto convirtieron la gloria de su ornamento en soberbia, e hicieron de ello las imágenes de sus abominables ídolos..." (Ez. 7:20a). Debido al adulterio espiritual, Israel sufrió gran destrucción y fue incapaz de encontrar paz (Ez. 7:25).

Aunque no estamos atados por cadenas de hierro y nuestros hogares no han sido arrasados por ejércitos intrusos, nuestra idolatría nos trae, sin embargo, esclavitud. Nos convertimos en esclavos de las normas del mundo más que en las de la cruz.

Mientras tanto, para parecer espirituales, proclamamos en alta voz desde nuestras prisiones que las cosas eternas importan más que cualquier cosa temporal. ¿Pero qué es lo que dicen nuestras vidas? ¿Nos enfocamos más en lo que alimenta nuestros cuerpos o en lo que alimenta nuestras almas? ¿Empleamos más tiempo esculpiendo nuestros cuerpos que dando forma a nuestra vida devocional? ¿Buscamos más fácilmente consuelo en la comida o en el Espíritu Santo? ¿Empleamos más tiempo perfeccionando nuestra apariencia física o preparando nuestro corazón? ¿Gastamos más dinero invirtiendo en el mejoramiento propio o en la obra del reino de Dios? ¿Nos atraen más aquellos que reflejan la imagen del mundo sobre belleza y éxito o aquellos que irradian la imagen de Dios?

Las Escrituras hablan con claridad acerca de la cuestión de un corazón dividido. No podemos buscar la gloria del mundo y la de Dios.

Con el tiempo incorporaremos o la definición de belleza de Dios o la del mundo. Cuando nos enfocamos en buscar nuestro significado y valor en el mundo, perdemos de vista a Dios. Jesús preguntó: "¿Cómo podéis vosotros creer, pues recibís gloria los unos de los otros, y no buscáis la gloria que viene del Dios único?" (Jn. 5:44). ¿Qué honor realmente buscamos? ¿Cuál es la opinión que realmente importa? ¿Qué definición de belleza incorporaremos?

Podemos esconder eficazmente nuestra idolatría de los que nos rodean pero el Dios cuyos ojos han visto nuestro cuerpo aún sin formar (Sal. 139:16a) es el mismo Dios que conoce las cosas que adoramos en los lugares más profundos de nuestros corazones. Él ve el centro de lo que somos y sabe que mientras le glorificamos con nuestros labios, continuamos nuestra búsqueda de la belleza terrenal. Tristemente, a menudo fallamos en reconocer la dualidad dentro de nuestros corazones. Nos despertamos de nuestro estado de autoengaño para encontrarnos atrapados en una relación adúltera con el mundo. Nos despertamos para encontrar que hemos abandonado al Amor de nuestras almas a cambio de la desolación.

En su novela *La letra escarlata,* Nathaniel Hawthorne detalla la destrucción de un corazón dividido en el personaje del reverendo Dimmesdale. Habiendo estado involucrado en una relación adúltera con una feligresa casada y siendo demasiado cobarde para confesarlo, Dimmesdale experimenta ambas destrucciones: La decadencia física y la espiritual, cuando lucha por continuar su ministerio público mientras esconde su pecado.

Para advertirnos contra la consiguiente confusión que resulta de vivir con un corazón dividido, Hawthorne dice de Dimmesdale: "Ningún hombre por algún periodo considerable, puede usar un rostro para sí mismo, otro para la multitud, sin finalmente quedar desconcertado en cuanto a reconocer cuál es el verdadero".[1]

La mayor consecuencia de vivir con un corazón dividido es la final incapacidad para conocer cuál amor traerá vida y cuál acarreará muerte.

Aunque Dimmesdale intentó continuar la vida como un inocente pastor de su rebaño, aprendió la lección dolorosa que el hombre exterior y el interior están unidos de manera intrínseca. Su acto físico de adulterio afectó su bienestar espiritual y viceversa; su enfermedad espiritual comienza a influir en el deterioro de su cuerpo. Mientras el adulterio de Dimmesdale fue físico en naturaleza, su pecado demostró que la infidelidad comienza en el corazón cuando permitimos que cualquier deseo supere nuestro deseo por Dios.

Cuando nos enfocamos más en cambiar nuestros cuerpos que en cambiar nuestros corazones, elegimos al mundo. El teólogo Abraham Wright escribió:

> Muchos están avergonzados de ser vistos como Dios los ha hecho; pocos están avergonzados de ser vistos como el diablo los ha hecho. Muchos están preocupados con pequeños defectos en el hombre exterior; pocos están preocupados con las grandes deformidades en el hombre interior; muchos compran belleza artificial para suplir la natural; pocos, la espiritual para suplir los defectos de la belleza sobrenatural del alma.[2]

Wright vivió en el siglo diecisiete. ¿Si la sociedad entonces estaba obsesionada con la belleza externa, cuánto más lo estará hoy? Muchas de nosotras somos culpables de estar más preocupadas con lo que otros ven que con lo que Dios ve.

Destrucción del templo. Con su cabeza metida hacia abajo y los brazos a su lado, ella se acercó al edificio. Está bien informada sobre la sencilla estructura. Entró allí cada día por veintinueve años. La cruz en lo alto del techo tranquilamente llega hasta ella: Paz. Las fuertes y perforadas manos esculpidas en la puerta la atraen a entrar: Seguridad. La copa y el pan en la mesa dulcemente susurran su nombre: Intimidad. Su cabeza continúa inclinada, ella cruza el umbral: Refugio.

Mientras entra al edificio, lentamente alza su cabeza y mira fijamente a su alrededor. Alcanza su bolsillo y agarra una de las pesadas rocas que lleva. Emocionada con esto, se aproxima al altar con sus manos extendidas. Puede sentir el dentado filo de las rocas presionando dolorosamente en su piel. Cuando llega a su destino, se da la vuelta. Con la espalda hacia el altar, mira hacia la ventana más cercana. La luz del sol llega hasta la lágrima que se desliza por su mejilla.

Te odio. Su penetrante grito hacía eco en la pared y el sonido del demoledor cristal es oído mientras arroja la roca por la ventana. ***Eres una decepción.*** Otra roca deja su mano y aplasta otra ventana. ***Nunca estarás a la altura.*** La copa y el pan caen al piso con la furia de su dolor. Piedra tras piedra. Las palabras resuenan en las paredes hasta que nada más puede ser escuchado. Roca tras roca. Mentiras destrozadas alrededor de ella. Mentiras destrozadas en su interior. Hecha está la paz. Hecha está la seguridad. Hecha está la intimidad. Cayó sobre sus rodillas, su cabeza se inclina, sus manos ahora vacías, se aflige por lo que ha perdido: Refugio.

Escuchando el sonido de la alarma, a regañadientes salta de la cama y se dirige hacia el baño. Inclinándose hasta el lavamanos, salpicó con cuidado su cara con agua fría. Mientras levanta la cabeza, se mira fijamente en el espejo. ***¡Uf!, me veo terrible esta mañana.*** Se movió hasta su closet y miró hacia su ropa. Nada parece satisfacerla mientras agarra una prenda de vestir, solo para reemplazarla con otra. ***Nada se verá bien en mí jamás.*** Finalmente, se decide por un vestido. Después de vestirse regresa al espejo para finalizar su rutina matutina. ***Estoy tan gorda.*** Palabra tras palabra, roca tras roca. Su alma oye el cristal rompiéndose y las palabras resuenan en la pared hasta que nada más puede ser escuchado.

Mirando al espejo, se asombra de por qué se siente quebrantada aun antes de que su día haya comenzado.

En los círculos cristianos, hablamos libremente sobre la importancia de cuidar el templo de nuestros cuerpos con respecto a lo que vemos, oímos, comemos y hacemos. Raras veces, sin embargo, establecemos una relación entre las palabras que decimos sobre nosotras y el hecho de que estamos hablando del templo de Dios. Nunca podríamos considerar destrozado nuestro lugar local de adoración pero no pensamos dos veces el dañarnos con pensamientos y palabras de autodesprecio. El efecto es el mismo.

Creyendo que encontraremos las cosas mejores que no podemos hallar en este mundo, entramos reverentemente al templo del Dios Altísimo. Enseñamos a nuestros niños a no correr en el santuario y a respetar el edificio donde nos reunimos los domingos. Aunque es importante demostrar respeto hacia la estructura de la iglesia, las Escrituras son claras al decir que el Espíritu de Dios no mora en edificios hechos de ladrillo y piedra sino en la carne y sangre creadas a su imagen. Pablo escribió: "¿No sabéis que sois templo de Dios, y que el Espíritu de Dios mora en vosotros?" (1 Co. 3:16). Nuestro ser como un templo es un hermoso concepto. Cuando entramos en comunión con Dios, Él toma lugar dentro de nosotras. La verdadera esencia de nuestro ser espiritual, que está muerto antes de que Él entre en nosotras, llega a estar más viva que nuestros cuerpos físicos en los cuales residimos. Buscando paz, seguridad e intimidad, encontramos interiormente nuestra razón para vivir debido a que Cristo vive en nuestro ser. Sin embargo, no podemos encontrar paz, seguridad, o intimidad en un corazón que lanza acusaciones de insuficiencia y fracaso contra sí mismo. Y donde no hay paz, seguridad, o intimidad, no hay un refugio.

Así como no podemos imaginar la destrucción de un santuario de ladrillo y piedra, no podemos imaginar que tal tipo de delito se mantenga sin castigo. Por lo menos, podríamos esperar que el individuo culpable acepte su responsabilidad. Cualquier negación de maldad o hacer caso omiso de la gravedad de la ofensa, chocaría contra nuestro sentido de justicia. Más que todo, esperaríamos que él entendiera que no es una simple arquitectura lo que ha violado. Su acto de destrucción quebrantó el sentido de paz, seguridad, e intimidad asociado con la adoración. Su descabellado acto destruyó nuestro refugio.

Como uno que destruye el santuario que las manos humanas construyen, debemos aceptar la responsabilidad cuando destruimos el templo que Dios ha creado. No podemos pensar que las palabras que igualamos contra nosotras mismas no importan. Sabemos que esas palabras importan, o no le pediríamos al Señor: "Sean gratos los dichos de mi boca y la meditación de mi corazón delante de ti" (Sal. 19:14).

Pensamientos y palabras que nos menosprecian física, mental o espiritualmente son rocas que destruyen el templo de Dios. Él declara que tal acto de destrucción no quedará sin castigo. Aun en su infinita misericordia y gracia, la naturaleza de Dios demanda justicia. Pablo escribió: "Si alguno destruyere el templo de Dios, Dios le destruirá a él, porque el templo de Dios, el cual sois vosotros, santo es" (1 Co. 3:17). Nuestra incapacidad para entender la verdadera belleza que no es inherente, destruye precisamente la hermosura que resulta de ser el templo de Dios. Se han ido la paz, la seguridad, la intimidad. Se ha ido el refugio. Si no le damos valor al templo, cesamos de ser el templo.

EL SACRIFICIO APROPIADO. Antes de que empieces a pensar que yo creo que las mujeres no deben usar maquillaje ni joyas y que deben vestirse con sacos de arpillera, déjame calificar mi mensaje.

Una escultura de piedra u oro no es un ídolo en sí misma. El corazón del adorador es lo que hace un ídolo de un objeto.

Joyas, maquillaje y ropa no tienen el poder para ser ídolos por sí mismos. El motivo de mi corazón (lo que deseo de aquellas cosas) determina si estos son ídolos o no. Si necesito joyas, maquillaje o ropa moderna para sentirme valiosa, he transformado aquellos objetos en ídolos porque espero de ellos lo que solo puedo recibir del único al que tengo derecho a adorar.

Escoger la fugaz promesa de belleza física no es tan destructivo como abstenerse de la misma hasta el punto del martirio. Las mujeres no necesitan estar aisladas de las joyas y el maquillaje para ser espirituales. Por el contrario, etiquetar todos los maquillajes y joyas como pecaminosos es el lado opuesto de la misma moneda falsa que enfoca su atención en lo físico más que en lo espiritual. Esto es solo otra forma de estar más preocupada con la apariencia externa que con el carácter interno. Cualquier cosa que considere las cualidades físicas más que el fruto espiritual como un indicador de espiritualidad es insensata y destructiva.

Tampoco estoy recomendando que comamos o vivamos sin tener en cuenta nuestra naturaleza física. Dios nos creó con las dos naturalezas: Física y espiritual. No puedo ignorar que lo que como y la cantidad de lo que ingiero, afecta mi cuerpo, ni puedo ignorar que el mismo fue creado para el movimiento; así que la actividad es vital para mi bienestar. Simplemente estoy diciendo que no puedo permitir que la comida y los ejercicios determinen mi valor. Debo buscar la sabiduría de Dios para tener todas estas cosas balanceadas.

Después de todo, mi cuerpo es el templo.

Por consiguiente, mi cuerpo no me pertenece. De la misma forma que Dios espera que use los talentos que Él me ha dado para servirlo, también espera que le dé mi cuerpo.

> "¿O ignoráis que vuestro cuerpo es templo del Espíritu Santo, el cual está en vosotros, el cual tenéis de Dios,

> y que no sois vuestros? Porque habéis sido comprados por precio; glorificad pues a Dios en vuestro cuerpo y en vuestro espíritu, los cuales son de Dios" (1 Co. 6:19–20).

Cuando anhelo la belleza del mundo, debo recordar el precio que se pagó por mí, por mi cuerpo. Cuando intento denigrar mi apariencia física, debo recordar que mi cuerpo, tanto como mi espíritu, pertenecen a Dios.

Soy un sacrificio pero no a la idolátrica belleza de este mundo. Pablo nos advierte para presentar: "vuestros cuerpos en sacrificio vivo, santo, agradable a Dios, que es [nuestro] culto racional" (Ro. 12:1). Una traducción de la última parte de este pasaje dice que presentar nuestros cuerpos como un sacrificio es nuestro "servicio espiritual de adoración". De este modo, mi cuerpo no es solamente un lugar donde reside el Dios viviente; es una herramienta con el objetivo de ser usada para la gloria de Dios, un instrumento para adorarlo a Él. Debido a que mi cuerpo es un sacrificio para Dios, todas las cosas en mi vida están sujetas a su autoridad: La forma en que me visto, como y vivo. Pero Dios no exige que nos volvamos legalistas; Él está más interesado en nuestras motivaciones. Jesús vino para traernos una abundante y hermosa vida. Él vino para traernos libertad.

Tenemos una elección: Libertad o esclavitud. Necesitamos no mantenernos esclavizadas a la imagen de belleza terrenal. Ni debemos permanecer quebradas por las fuerzas destructivas de la cultura:

> "Porque los que son de la carne piensan en las cosas de la carne; pero los que son del Espíritu, en las cosas del Espíritu. Porque el ocuparse de la carne es muerte, pero el ocuparse del Espíritu es vida y paz" (Ro. 8:5–6).

Cuando seleccionamos la vida, elegimos la transformación.

UNA MIRADA AL ESPEJO
Aplicación personal

"mas ahora, conociendo a Dios, o más bien, siendo conocidos por Dios, ¿cómo es que os volvéis de nuevo a los débiles y pobres rudimentos, a los cuales os queréis volver a esclavizar?" (Gá. 4:9).

El apóstol Pablo escribió estas palabras para describir la libertad que tenemos en Cristo. Aunque Pablo estaba escribiendo en contra de la fe basada en obras de los judíos, este pasaje nos ayuda a entender que nuestra búsqueda de la belleza terrenal nos pone en esclavitud, mientras que nuestra búsqueda de la hermosura de Dios nos trae libertad.

¿Por qué la norma mundial de belleza es débil y sin valor?

¿En qué formas continúas "deseando ser esclavizada otra vez" por la belleza terrenal?

Toma un momento para examinar tu corazón. Piensa en aquellos sitios de tu vida donde todavía batallas con inseguridades sobre tu valor. Identifica algunas de estas áreas de luchas.

¿En qué formas estas batallas se unen a tus preocupaciones con lo que otros piensan acerca de ti?

Un ídolo es otra cosa en la que confiamos que no es Dios, u otra cosa fuera de Dios a la cual le proporcionamos nuestra identidad. Estar preocupados con las opiniones de otros sobre nosotras puede ser de ayuda para nuestras vidas cuando nos puede motivar a hacer buenas elecciones. Sin embargo, a menudo nos enfocamos demasiado en impresionar a otros. Cuidar de lo que otros piensan sobre nosotras porque queremos que vean a

Cristo, es muy diferente de cuidar de lo que otros piensan sobre nosotras porque queremos que piensen bien sobre nosotras. ¿Se ha convertido tu preocupación por la opinión de otros en un ídolo de tu vida? En otras palabras, ¿qué dirige tus acciones en mayor medida: Lo que otros piensan de ti o lo que Dios piensa de ti? Lee Juan 5:44 antes de responder esta pregunta.

¿Qué otros elementos de belleza física se han convertido en ídolos de tu vida?

Lee 1 Pedro 1:18–19. Explica cómo las Escrituras se refieren a tu valor como el templo del Dios viviente.

¿Tus pensamientos sobre tu persona destruyen el templo dentro de ti? Si es así, sé específica en cómo estos derriban lo que Dios desea construir en ti.

¿Qué áreas de tu cuerpo todavía necesitas ofrecer como sacrificio a Él?

Lee Gálatas 5:1. Parafrasea las Escrituras mientras ellas se aplican a tu viaje para entender la belleza de Dios.

· · · SEIS · · ·

Una nueva perspectiva

Un verano, mi esposo y yo llevamos un grupo de adolescentes al centro de la ciudad de Chicago para un viaje misionero. Mientras el anfitrión nos condujo hacia nuestras céntricas viviendas, pudimos ver en la distancia dos construcciones muy largas, una obviamente más alta que la otra. Le preguntamos si el edificio más alto era La torre *Sears*. Para nuestra sorpresa, respondió que la construcción con la cual nos habíamos equivocado diciendo que era La torre *Sears*, era de hecho el Edificio John Hancock. Un poco arrogante y muy ignorante, determiné que nuestro anfitrión no había salido mucho o ignoraba que La torre *Sears* era la construcción más alta en Chicago. La torre que él estaba identificando como el Edificio John Hancock era obviamente más grande que el edificio el cual alegaba era La torre *Sears*.

Mientras continuamos alrededor de la ciudad, sin embargo, nuestra perspectiva cambió y nuestro punto de vista coincidió con lo que nuestro anfitrión había afirmado. El más alto se convirtió en el más pequeño y el más pequeño se convirtió en el más alto de todos, y la diferencia era visualmente significativa.

Aquel día aprendí que la perspectiva depende de dónde estoy situada.

En aquel mismo verano pero un poco antes, mi esposo y yo habíamos viajado a Nueva Jersey para visitar algunos amigos de la universidad. No había visto a ninguno de ellos en al menos cuatro años. Durante aquel tiempo había aumentado más de trece kilos y me encontré luchando con cuestiones que pensaba había puesto a descansar. Cuando estaba visitando una amiga en particular, Dios me condujo hasta un nuevo paso en la comprensión de su belleza.

Nos habíamos convertido en amigas durante mi segundo curso en la universidad cuando ella servía como asistente de residentes en mi piso del dormitorio. Nuestros padres habían sido pastores en la misma denominación, así que compartíamos una familia espiritual. Ahora las dos casadas y siguiendo nuestros respectivos llamados, nos saludamos con gozo. Y sorpresa. Como yo, ella había ganado algunos kilos a través de los años. Ya no sentí la presión de parecer la misma que era cuando estudiaba el segundo año en la universidad y ya no me preocupó qué podría pensar ella de los cambios en mi cuerpo.

Cuando comenzamos a hablar sobre las cosas que Dios nos había estado enseñando a cada una, aprendí que ambas luchamos para ver nuestra verdadera belleza. Mientras mi amiga y yo pasábamos las páginas de un álbum fotográfico de nuestros días universitarios, Dios me enseñó una importante lección en perspectiva. Volviendo a las memorias, ella casualmente comentó: "¿Sabes en lo que pienso cuando veo estas fotos? Pienso en cuán flaca yo estaba en aquel entonces". Me senté tranquilamente por un momento mientras reflexionaba en sus palabras. Entonces respondí: "Yo, también, pienso en cuán delgada estaba en esas fotos. Pero también recuerdo cuán gorda yo pensé que era cuando esas fotos fueron tomadas. Aún entonces yo no estaba satisfecha con quién era o cómo me veía".

Las fotos me recordaron los tiempos en los que buscaba alguien con mi talla y figura de cuerpo exacto para poder evaluar objetivamente cómo me veía. Pero cada vez que trataba de evaluar mi belleza, perdía toda la objetividad y la perspectiva, porque me veía a través de ojos mundanos y estaba insatisfecha con cualquier cosa que veía. Nunca fui lo bastante delgada, bonita o talentosa. Siempre me faltaba para llegar a la marca. Pero mi mayor fracaso no es perder la marca del mundo. Mi mayor fracaso es mi incapacidad para ver que la belleza de Dios se mantiene en pie distante y por encima de la belleza terrenal, y la diferencia entre las dos es visualmente significativa.

Así como tuve que tener la perspectiva correcta para ver cuál edificación era la más alta en el centro de Chicago, también necesité la perspectiva correcta para ver cuál belleza es la verdadera: La del mundo, o la de Dios.

Las cosas que son verdaderas revelan la belleza y las cosas que son hermosas revelan la verdad. El poeta inglés del siglo dieciocho John Keats escribió: "La verdad es belleza; la belleza es verdad. Esto es todo lo que sabes y todo lo que necesitas saber".[1] Así que si quiero conocer la belleza, necesito conocer la Verdad. Si quiero vivir en hermosura, debo vivir en la Verdad.

La perspectiva correcta tiene lugar cuando vemos como Dios ve. Por consiguiente, para tener una verdadera y correcta perspectiva de belleza, debo identificarme con Cristo. El diccionario define la identidad como la: "Igualdad del carácter esencial o genérico en diferentes ocasiones".[2] Mi identidad es el centro de quién soy: La "igualdad del carácter... esencial", una constante por la cual me defino, a pesar de las circunstancias. La identidad en Cristo, sin embargo, no es una comprensión pasiva de nuestras características individuales. La identidad en Cristo es una fuerza poderosa y viva. Mi identidad define y da forma a mi vida: "Con Cristo estoy juntamente crucificado, y ya no vivo yo, mas vive Cristo en mí; y lo que ahora vivo en la carne, lo vivo en la fe del Hijo de Dios, el cual me amó y se entregó a sí mismo por mí"(Gá. 2:20). Mi comprensión de la belleza física, junto con los deseos de mi carne, ha sido crucificada con Cristo. De esta manera, la belleza que ahora reside en mí es la del Espíritu, no la de la carne.

Además, mi cuerpo, junto con mi belleza, es ahora un símbolo de mi relación con Jesucristo. Pablo publicó esta idea cuando escribió:

> Porque el amor de Cristo nos constriñe, pensando esto: que si uno murió por todos, luego todos murieron; y por todos murió, *para que los que viven, ya no vivan para sí, sino para aquel que murió y resucitó por ellos* (2 Co. 5:14–15, cursivas añadidas).

Mi vida ya no es sobre mí. Mi belleza ya no es acerca de mí. Tratar de crear mi propia belleza en la imagen del mundo es separar mi belleza de mi identidad en Cristo. Aferrarme a la imagen de belleza terrenal es negarme a crucificar mis deseos y vivir obstinadamente en la carne.

Dos preguntas surgen entonces: ¿Cómo vivo fuera de mi identidad en Cristo y cómo cambio mi perspectiva de la belleza terrenal a la espiritual? Después de todo, yo soy ambas: Carne y espíritu. No puedo decir simplemente que no importa cómo luzco.

Con una simple declaración, Jesús resumió cómo buscar nuestra identidad y nuestra belleza en Él. Cuando preguntaron cuál mandamiento era el mayor, Jesús respondió: "Amarás al

Señor tu Dios con todo tu corazón, y con toda tu alma, y con toda tu mente. Este es el primero y grande mandamiento" (Mt. 22:37–38). Cuando busco a Dios con todo lo que soy, lo que quiero cambiará. Los deseos mundanos morirán y mi nuevo deseo será vivir en Él y para Él. Encontrando mi identidad en Cristo, permito que todo lo que soy –espíritu, mente y cuerpo–, sean definidos por Dios.

Dios nos ha dado el Espíritu Santo para ayudarnos a entender nuestra nueva identidad.

> Porque todos los que son guiados por el Espíritu de Dios, éstos son hijos de Dios. Pues no habéis recibido el espíritu de esclavitud para estar otra vez en temor, sino que habéis recibido el espíritu de adopción, por el cual clamamos: ¡Abba, Padre! El Espíritu mismo da testimonio a nuestro espíritu, de que somos hijos de Dios (Ro. 8:14–16).

Cuando permitimos que el Espíritu Santo nos conduzca, evitamos convertirnos en esclavos de la norma mundial de belleza y en lugar de eso estamos en libertad para encontrar nuestra verdadera belleza en Cristo. Cuando el Espíritu Santo "da testimonio…que somos hijos de Dios" comenzamos a ver nuestra belleza como Dios nos ve.

Mi comprensión de belleza entonces tendrá la perspectiva correcta porque me veré no como el mundo, sino como Dios me ve en Cristo.

Presentar nuestros cuerpos como un sacrificio para Dios es solamente un elemento de lo que Él desea lograr en nosotras. El apóstol Pablo nos instó a presentar nuestros cuerpos como un "sacrificio vivo, santo, agradable a Dios, que es [nuestro] culto racional" (Ro. 12:1). De acuerdo con el Nuevo Comentario Revisado de la Biblia: "Este sacrificio vivo también incluye la mente la cual, sin embargo, debe ser primeramente renovada antes de que pueda ser ofrecida. Esto es un milagro de transformación, un reajuste de ambas realidades: La temporal y la eterna".[3]

Pablo continuó con estas palabras:

> No os conforméis a este siglo, sino transformaos por medio de la renovación de vuestro entendimiento, para que comprobéis cuál sea la buena voluntad de Dios, agradable y perfecta (Ro. 12:2).

En otras palabras, la clave para encontrar mi belleza no está en la transformación de mi cuerpo, sino en la de mi mente.

Gracias a Dios, esta transformación mental no depende de mi poder. Otra vez, el Espíritu Santo de Dios está disponible para darme dirección y sabiduría.

> "*Si me amáis, guardad mis mandamientos.* Y yo rogaré al Padre, y os dará otro Consolador, para que esté con vosotros para siempre: *el Espíritu de verdad, al cual el mundo no puede recibir, porque no le ve;* pero vosotros le conocéis, porque mora con vosotros, y estará en vosotros" (Jn. 14:15–17, cursivas añadidas).

Para entender el papel que realiza el Espíritu Santo para transformar nuestros pensamientos sobre la belleza, debemos darnos cuenta de que Él es el Espíritu de verdad quien nos dará discernimiento para conocer la verdad de la belleza de Dios. Lo que escuchamos revelará el corazón de Dios y de esa manera estará en consonancia con la Palabra de Dios. Sin embargo, el Espíritu Santo no puede ser oído si no deseamos escucharlo y vivir de acuerdo con los mandamientos de Dios. Tampoco el Espíritu puede revelar la verdad de la belleza de Dios si insistimos en vernos desde una perspectiva mundana. El Espíritu Santo cumple a cabalidad su papel como nuestro consejero mientras buscamos vernos y ver a otros desde una perspectiva divina de belleza.

Esta transformación es un proceso, no un evento. Requiere renovación diaria. Para los creyentes de la Iglesia de Éfeso en el primer siglo, Pablo escribió: "y renovaos en el espíritu de vuestra mente, y vestíos del nuevo hombre, creado según Dios en la justicia y santidad de la verdad" (Ef. 4:23–24). Ser renovados en nuestra mente requiere acción; nos "vestimos del nuevo hombre". En otra carta, esta otra a los creyentes en Corinto, Pablo describió el proceso como: "llevando cautivo todo pensamiento a la obediencia a Cristo" (2 Co. 10:5).

En otras palabras, debo *elegir* verme como Dios me ve. Debo considerar todas las cosas en mi vida a la luz de su importancia espiritual. Debo *elegir* rechazar la definición terrenal de belleza. Más que evaluar cada cosa en términos de lo que me hará ser más gruesa o delgada y en lugar de seleccionar realizar ejercicios para alcanzar una talla de ropa definitiva, trabajo con el propósito de hacer elecciones para mi cuerpo en términos de lo que traerá fuerza y salud a mi templo de manera que este me permita lograr las tareas que Dios me ha dado para hacer. Más que estar segura de que mi cabello esté en el lugar adecuado, me aseguro de que mi corazón esté en el lugar correcto. Más que preocuparme porque mis joyas no hacen juego con mi atuendo, considero si mi actitud se corresponde con lo que yo profeso creer. Más que cuestionarme si otros me ven físicamente hermosa, pongo mi atención en si ellos ven la belleza espiritual de Cristo en mí. Pero el proceso no está desprovisto de lucha.

La mayor batalla que enfrento para permitir que Dios transforme mi mente ocurre cuando me veo en fotografías. Quizá tú reconozcas esta rutina. Sonríes viendo amigos y personas amadas pero encuentras dificultad para sonreír cuando te ves. Evalúas, criticas, rechazas. Sin intención de hacerlo, te compararás con otros en la foto, quizá deseando incluso no estar en ella. Pero cuando desapareces tu presencia, desapareces la memoria.

Continuamente Dios me recuerda que la memoria creada por las fotos es más importante que lo que pienso sobre la forma en que luzco en ellas. ¿Evitas las cámaras porque tu cabello no luce bien, tus ropas están demasiado desaliñadas, o te sientes demasiado gorda? No hagas trampa contigo misma ni con los demás por el legado de una memoria, porque te estás viendo desde una perspectiva incorrecta.

Imagina a una mujer que va a la tienda y compra una gargantilla de perlas. El joyero coloca el collar en una pequeña y plana caja de cartón. Al llegar a la casa, la mujer orgullosamente lució su adquisición. Sin molestarse para mirar dentro, sus amigos maravillados mirando la caja, emplearon horas en discutir cómo decorarla con varias cintas y lazos. Habiendo visto la importancia que ellos depositaban en esta, la mujer pasó horas mirándola cada día y preguntándose si la misma era tan hermosa como otras. Finalmente, ella comenzó a extrañarse de por qué el joyero no le dio una caja mejor. Día tras día, protestaba por la insuficiencia de su caja y deseaba que fuera más valiosa. Pero nunca la abrió. La verdadera belleza permanecía escondida, inapreciada y no compartida.

Qué ridículo, decimos. Sin embargo, Dios ha colocado un inapreciable tesoro dentro de nosotras. Y día tras día nos quejamos de si la caja está o no hecha para nuestra satisfacción. La verdadera belleza permanece escondida, inapreciada y no compartida.

Mi cabello, rostro y cuerpo les dicen a otros muy poco sobre mis pasiones, sueños y dones. Sin embargo, si mi identidad está en Cristo, lo que soy interiormente se verá en mis acciones. Una vida vivida en el Espíritu es conocida por conductas inconfundibles –el fruto de mi vida–, no por mi apariencia: "Mas el fruto del

Espíritu es amor, gozo, paz, paciencia, benignidad, bondad, fe, mansedumbre, templanza; contra tales cosas no hay ley" (Gá. 5:22–23).

Crecer en el fruto espiritual requiere una transformación de la mente porque lo que pienso y creo determina cómo actúo:

> El que escucha la palabra pero no la pone en práctica es como el que se mira el rostro en un espejo y, después de mirarse, se va y se olvida en seguida de cómo es. Pero quien se fija atentamente en la ley perfecta, que da libertad, y persevera en ella, no olvidando lo que ha oído sino haciéndolo, recibirá bendición al practicarla (Stg. 1:23–25, NVI).

Por consiguiente, mientras más estudio la Palabra *y la pongo en práctica,* más seré transformada en la imagen de Cristo. Mientras más sigo a Cristo, más veré la vida en la perspectiva correcta.

La paradoja de las Escrituras es que mientras más nos sujetamos a Cristo, disfrutamos de más libertad. Creer esta paradoja requiere un cambio en la perspectiva. Implementar esta paradoja requiere un cambio en las prioridades. Cultivar el fruto del Espíritu requiere trabajo. A menudo nos convencemos de que cambiar físicamente es más fácil que desarrollarse espiritualmente. Después de todo, un nuevo estilo del cabello no requiere que encuentre las áreas débiles de mi carácter y le permita a Dios que me impulse a cambiar. Pero un nuevo estilo del cabello no me libera de las expectativas poco realistas de belleza mundana; ni tampoco lo hace el perder diez o quince libras de peso.

En contraste, una nueva perspectiva y nuevas prioridades ciertamente me hacen libre. Después de enumerar el fruto espiritual que debo cultivar, Pablo añadió: "Contra tales cosas no hay ley". La tendencia al crecimiento del fruto espiritual me conduce de la esclavitud a la libertad.

Para encontrar esta libertad debo cambiar mi perspectiva del espejo del mundo al espejo de la Palabra. Tratando de encontrar belleza en el espejo de este mundo me dejará destrozada y perdida. Pero perderme en el espejo de la Palabra, revelará la mayor belleza conocida alguna vez. Después de todo, la Palabra es un espejo que refleja la misma Verdad que nos hace libres.

Permitirle a Dios que me enseñe cómo amarme como persona, cambiará no solo mi vida sino las vidas de otros igualmente. Jesús conoció que amar a Dios con todo nuestro ser podía crear una efusión natural de amor. Después de reafirmar el mandamiento más grande, Él añadió: "Y el segundo es semejante: Amarás a tu prójimo como a ti mismo" (Mt. 22:39). Aquellas que luchan para amarse como personas no están seguras de cómo aplicar lo que conocemos sobre el amor que debemos sentir hacia nosotras en la práctica de amar a otros. A menudo nuestro amor por los demás está basado en la necesidad de afirmación y valor. De esta manera, nuestro amor por otros es egoísta. Tratamos de amarlos desinteresadamente, pero nuestras propias inseguridades causan que usemos a las personas como una medida de nuestro propio significado. Puesto que finalmente encontraremos nuestra identidad en lo que sea que nos dé significación, de manera inadecuada quitamos nuestra identidad de Cristo y la encontramos en otros. Sin embargo, cuando encuentro mi valor e identidad en Cristo, soy capaz de amar a otros desinteresadamente porque no estoy preocupada sobre qué valor me traen o qué valor alegan que hay en mí. Los amo por el valor que Dios ha puesto en ellos.

Habiendo trabajado en el ministerio de la juventud por casi diez años, he notado muchas cosas sobre el temperamento femenino. Las chicas son territoriales. Una joven reunirá a sus amigas alrededor de ella y silenciosamente desafiará a cualquiera que moleste su defensa social. Mientras que los jóvenes poseen una actitud relativamente pasiva hacia sus amistades, las chicas construyen alianzas y aíslan a las enemigas. Para las jóvenes, las amistades son un medio de protección contra las fuerzas de la inseguridad.

Las mujeres no son muy diferentes. Aunque nuestras batallas son calmadas y por lo general más sofisticadas, nuestras paredes de defensa son más gruesas. Al sentir la intensidad de nuestras propias inseguridades, resistimos las nuevas amistades y nos sentimos amenazadas cuando nuestras amigas íntimas abren sus vidas a alguien más que a nosotras. Podemos abandonar una amistad porque tememos un cambio de lealtad. El poema de Emily Dickinson: "Un alma selecciona su propia sociedad" revela su propia exclusividad en las relaciones:

> Yo la he conocido –de una extensa nación–
> Selecciona una–
> Entonces –cierra las válvulas de su atención–
> Semejante a una piedra–[4]

Aunque podemos entender el temor de Dickinson al rechazo y la traición, también entendemos que tal miedo puede incapacitar para amar. Consciente o inconscientemente, a menudo elegimos amigas basándonos en el nivel de seguridad que ofrecen. Algunas veces hasta permitimos que nuestras inseguridades determinen cómo vemos a otras mujeres.

Sin embargo, cuando el Espíritu Santo transforma la perspectiva que tenemos con relación a nuestra belleza, nuestras relaciones con otros cambian:

> Pero los que son de Cristo han crucificado la carne con sus pasiones y deseos. Si vivimos por el Espíritu, andemos también por el Espíritu. No nos hagamos vanagloriosos,

> irritándonos unos a otros, envidiándonos unos a otros (Gá. 5:24–26).

Más que compararnos con otras mujeres y convertirnos en celosas, las vemos a través de los ojos de Dios y llegamos a ser agradecidas por sus dones y talentos únicos. Asimismo, más que ser territoriales con respecto a nuestras amistades, les damos la bienvenida a nuevas relaciones como una oportunidad para ministrar el amor de Cristo de manera más eficaz.

Cuando veo a otros y a mí también, a través de los ojos de Dios, mi vida, incluyendo mi cuerpo, se convierte en un instrumento del ministerio que cumple el propósito para el cual fue creado: Traer gloria y honor a un impresionante Dios.

Debo mantenerme enfocada en cosas que son eternas incluso aunque esté viviendo en un mundo temporal. ¿Qué le interesará más a mis niños: Que use una talla seis o que exhiba paciencia y mansedumbre con ellos? ¿Qué valorará más mi esposo en nuestro matrimonio: Que tenga pechos firmes y un buen tono muscular en los glúteos o que demuestre fidelidad y amor por él? ¿Qué es lo que tiene el poder para un gran ministerio: Mi impecable maquillaje y mi vestido perfectamente coordinado o que desarrolle la bondad y el autocontrol? Permitirle al Espíritu Santo que transforme mi mente hace posible que Dios use toda mi vida para su gloria.

Ver la belleza requiere una perspectiva divina. Si dependo de mi propio entendimiento, nunca tendré la perspectiva correcta. Pero cuando confío en el único en quien la tierra completa descansa "…el velo se quitará. Porque el Señor es el Espíritu; y donde está el Espíritu del Señor, allí hay libertad. Por tanto, nosotros todos, mirando a cara descubierta como en un espejo la gloria del Señor, somos transformados de gloria en gloria en la misma imagen, como por el Espíritu del Señor" (2 Co. 3:16b–18). Mientras más cerca esté de Él, más acertada llega a ser mi perspectiva.

UNA MIRADA AL ESPEJO

Reflexión personal

Identifica un área de tu comprensión de belleza para la cual necesites escuchar la sabiduría del Espíritu Santo.

¿Cómo puede venir el conocimiento de tu identidad de la influencia de Cristo en la perspectiva que tienes de tu propia belleza?

Ser conducida por el Espíritu es una disciplina diaria. ¿En qué formas debes revestirte del nuevo hombre, "el cual conforme a la imagen del que lo creó se va renovando hasta el conocimiento pleno" (Col. 3:10)?

Reflexiona sobre tus pensamientos y acciones a medida que avanza tu día. ¿Cómo se relacionan estos con la perspectiva de belleza de Dios?

Escribe abajo cualquiera de los pensamientos o las acciones que necesiten cambiar para que tu vida se enfoque hacia una correcta perspectiva espiritual de belleza.

Escribe abajo algunos pensamientos o algunas acciones que revelen cómo el Espíritu Santo te está ayudando a cambiar tu perspectiva.

¿Hay algunas relaciones en tu vida que han sido afectadas por tu preocupación y búsqueda de la norma de belleza del mundo? ¿Algunas de tus amistades con otras mujeres han sido formadas por tus inseguridades? Identifica al menos dos de estas relaciones y explica cómo ellas han sido afectadas por tus propias percepciones incorrectas sobre la belleza.

Lee Filemón 6. Aplica este pasaje bíblico a las relaciones que identificaste en la pregunta de arriba. Mientras respondes las interrogantes, recuerda que el verdadero tesoro está en la caja. De esa manera el auténtico tesoro de tu vida no es tu apariencia física ni son tus habilidades, sino Cristo en ti.

Lee Gálatas 5:22–23. El nivel en el cual escuchas al Espíritu Santo determinará la cosecha de los frutos del Espíritu en tu vida. En tu tiempo de oración, pídele al Señor que te muestre dos frutos del Espíritu que Él desea producir en tu vida. Aunque debes confiar en la sabiduría del Espíritu Santo para dirigir el crecimiento de estos frutos, debes jugar igualmente un papel activo. Haz una lista de las acciones específicas por las que puedes empezar para cultivar el fruto que el Señor desea producir en ti.

· · · SIETE · · ·

Cuerpo por causa de Charis

Los habilidosos expertos que prometen volver a crear los cuerpos con interminables programas y productos están por montones. Pero ningún programa de entrenamiento o droga maravillosa puede reformar el cuerpo de una mujer más rápida y drásticamente que el embarazo. Con un pequeño esfuerzo y nueve cortos (o largos, depende de la perspectiva) meses, el cuerpo de una mujer experimenta más cambios que lo que ella pudo haberse imaginado alguna vez.

Cuando quedé embarazada de mi primer hijo, mis pensamientos iniciales fueron acerca de cuán linda y maternal me vería cuando mi cuerpo creciera y se redondeara. Estuve muy emocionada cuando ya no pude abotonarme más mis pantalones. No estaba molesta de que mi ropa habitual comenzó a sentirse ajustada cuando solo tenía ocho semanas. Estaba ansiosa por comenzar a usar nuevas ropas de maternidad, así que no me quejé de las treinta y dos semanas que a pesar de eso llegarían. ¿Por qué preocuparme por unos kilos de más? Yo las perdería inmediatamente después de que el bebé llegara.

Al final de mi segundo trimestre –ahora excesivamente aburrida con ropas de maternidad– comencé a lidiar con la evidencia de que mi parte posterior estaba ampliándose en una proporción alarmante, de que mis muslos se estaban viendo más como requesón que este mismo tipo de queso y que mis pechos estaban encorvándose fuera de control. Yo pude haber parecido linda con aquellas ropas de maternidad puestas, pero mi cuerpo desnudo era enteramente otro espectáculo. Comencé a preguntarme ¿cómo era posible que mi esposo me encontrara atractiva –linda, quizá, con las ropas puestas–, pero sexy? De ninguna manera, ¡y especialmente sin ropas!

Cuando mi esposo me dijo que me veía hermosa, creí que la idea de la venida del bebé había deformado su cerebro... y su visión. Aun cuando me regocijaba en sus cumplidos y miradas fijas, no pude sacudir completamente el miedo de que él estuviera engañado. Cuando las restantes semanas pasaron y mi cuerpo continuó creciendo, el advenimiento que ya era próximo y mis eufóricas visiones de maternidad me mantuvieron entretenida. Además, tenía otras tareas que atender como tratar de afeitarme las piernas cuando no podía verlas en lo absoluto, navegar con mi forma a través de espacios estrechos y buscar con desesperación (pero nunca encontrar realmente) una posición cómoda para dormir. Cuando aquellas diminutas voces me recordaban mi aumentado cuerpo (como si necesitara que me lo recordaran), me consolaba con el conocimiento de que estaba embarazada y que perdería esos kilos del bebé tan pronto como este llegara.

El día llegó finalmente cuando le dimos la bienvenida al mundo a nuestra hija. Nunca una mujer se siente realmente tan delgada que cuando baja de ocho a diez libras provenientes del bebé y del líquido amniótico. Aun ver mi cuerpo en un espejo completo no disminuyó la ligereza que sentía. Las roscas y la forma encorvada estaban aún allí (junto con algunas nuevas) y mi parte trasera definitivamente continuaba allí. Pero me sentí como una nueva mujer. Podía inclinarme, afeitarme las piernas y respirar. Me sentí esbelta.

Pero las emociones vienen y van como las hormonas se elevan y descienden. En las primeras etapas de lactancia me preguntaba cómo algo tan natural podía ser tan difícil. Pero mi hija y yo nos estrechamos y seguimos hacia adelante. Confíe en que ella y yo podríamos beneficiarnos de la lucha. Ella podría recibir la mejor alimentación posible y yo podría regresar al peso que tenía antes de mi embarazo. Deleitándome en el fulgor de la maternidad, la cual trajo un despliegue fugaz de energía, comencé a hacer ejercicios nuevamente.

Tres semanas dentro de mi nueva vida y la realidad se estableció. Los ejercicios cayeron por el borde del camino cuando me di cuenta de las exigencias para mantener a un recién nacido. La nutrición comenzó a hacerse más fácil pero falló en proveer la pérdida de peso prometida por tantos libros y tantas revistas de bebés.

Mi vida había cambiado; mi cuerpo había cambiado.

En medio de, al parecer, millones de pañales y la agotadora alimentación tarde en la noche, el tiempo pronto vino a colocar aparte las ropas de maternidad. Sin embargo, tuve un pequeño dilema (si el dilema de la mujer con su guardarropa pudiera alguna vez ser llamado "leve"). Estaba lista para guardar las ropas de maternidad pero había perdido solamente 4,5 kilos de los 16 kilos que había aumentado y andar desnuda estaba fuera de toda cuestión. Tuve que seleccionar entre aferrarme a la fantasía de perder esos kilos del bebé pronto o encarar la realidad de que, aunque la nueva vida dentro de mí estaba separada de mi cuerpo, una gran parte del peso del embarazo permanecía.

El reto no fue simplemente encontrar ropa que se adecuara a la nueva forma de mi cuerpo, sino también hallar una identidad que se adaptara a como era en ese momento: Nueva y maternal. ¿Quién era yo y cómo veía a mi nuevo yo? Mi concepto del amor se había ampliado en el momento en que abracé a la pequeña que ganó mi corazón inmediatamente. La amé toda sin reservas. Pero la lucha por amarme toda era la misma: Una pelea. ¿Cómo podía mirarme y sentir un gozo sobrecogedor con la persona en la que me estaba convirtiendo como mamá y la agobiante insatisfacción con lo que había pasado con mi cuerpo?

Al darme cuenta de que las hadas de ropas no aparecerían pronto y de que mi descontento estaba compuesto por mi dilema sobre el vestuario, conseguí el apoyo moral de una amiga y fuimos de compras por algunas ropas nuevas y más largas. Armada con un poco de dinero extra y la fuerza de voluntad de una mujer que no tenía nada para usar, me preparé para el reto que tenía por delante.

Almorzamos en un restaurante tranquilo antes de comenzar las compras. Escondida en la seguridad de la cabina, fuera de los espejos de los vestuarios y de las etiquetas de las tallas, le dije a mi amiga la obra que Dios había comenzado en mi vida con respecto a mi propia imagen. Sin parar, hablé incoherentemente sobre mi deseo de ser libre de la definición terrenal de belleza y sobre mi nueva determinación de encontrar mi belleza en la nueva mujer que Dios quería que fuera.

Pero lo que no hablé con ella fue la dualidad que existía dentro de mí. Creí que Dios había comenzado una buena obra en mí al mostrarme cuán inmensamente diferente es su definición de belleza de la del mundo. Los sentimientos de incompetencia y odio hacia mí que me habían atado por tanto tiempo, estaban comenzando a disolverse en la presencia del amor y la gracia de Dios. Pero los ídolos permanecían en las normas que aún mantenía. La lucha por verme bella continuaba. Todavía estaba depositando en un día la posibilidad de perder esos kilos del embarazo y algunos más. Entonces, creí, que me podía sentir completamente confiada siendo la persona que Dios había creado paras ser.

Hablar acerca de mi aceptación personal era fácil de hacer mientras masticaba pan francés y mariscos. Pero estrechar mi cuerpo y aceptarme era brutalmente difícil cuando veía mi reflejo en los espejos de los vestuarios y en las ventanas de las fachadas de las tiendas. En algún punto, sin embargo, para que la verdad sea establecida, la ideología y la realidad deben besarse.

Al comenzar mis propósitos de compras, decidí estar en contra de probarme algún pantalón puesto que encontrar algunos vestidos informales para trabajar era más importante. Sin embargo, las ganas pronto me vencieron. Decidí intentar con un par de pantalones solo para ver qué talla usaba. Pasando por mi talla común, la doce, también pasé por la catorce y la dieciséis, quedé pensativa al detenerme frente a la talla dieciocho. Revestida de mi más optimista mirada, busqué una pareja de estos y me dirigí al vestuario, en compañía de la bebé. Había tratado de prepararme para la vista pero no estaba preparada para lo que vi: Cada estría y cada pulgada de más desde cada ángulo imaginable. Pero con esperanza aún en mi corazón, seguí adelante, esperando contra todo pronóstico que mi cuerpo podría experimentar una transformación milagrosa en el momento en que el pantalón chocara mi tobillo.

Cuando de forma amable, luego vigorosamente, halé el pantalón y lo subí por mis piernas, me descorazoné por el panorama que observaba en el espejo. Todavía me veía como una mamá después del parto, solo que ahora tenía pantalones delineando mis piernas. Lentamente me quité el pantalón, sintiendo que mi orgullo era quitado al mismo tiempo. Suspiré mientras regresaba a mis anchos pantalones de maternidad.

Cuando coloqué el par de pantalones nuevamente en el estante, la vendedora me preguntó si había encontrado lo que estaba buscando.

No, a menos que los pantalones vengan con un nuevo cuerpo, pensé. En lugar de eso dije: "No, gracias. Voy a esperar un poco antes de comprar pantalones".

Ella comprendió inmediatamente. "Yo poseía al menos veinte pares de pantalones antes de que mi hijo llegara" –dijo alentadoramente–. "Después de que él nació, no me quedó bien ninguno de ellos. Cada uno se mantenía diciéndome que el peso terminaría rápidamente si yo lactaba. No ocurrió así. Pero pasados cinco meses, todo el peso se fue y pude entrar en todos mis pantalones".

Dos pensamientos cruzaron por mi mente: *No luces como si hubieras tenido un día de gordura en tu vida* y *Todavía hay esperanza para mí.*

Me aferré a lo último. Aún faltaban tres meses antes de que Charis tuviera cinco meses de edad. Quizás estaba apresurando las cosas. Así que mi amiga y yo evitamos encontrar algunos vestidos informales.

Al encontrar sorprendentemente dos elegantes vestidos sin mangas que podrían ocultar las estrías y el escape de leche de los senos, consideré nuestra incursión en las compras como un relativo éxito. Después de todo, el peso extra finalmente podría desaparecer y yo tendría la posibilidad de usar mi buena, antigua y confortable talla doce de pantalones.

Sin embargo, varios meses después de que Charis naciera, no estaba tan cerca de una talla doce de lo que había estado veinte minutos después de dar a luz. Al sentir a mi antiguo enemigo avanzar lentamente detrás de mí, le pedí a Dios que continuara la buena obra que Él había comenzado. Seguí luchando pero en eso pongo mi confianza. Batallé, forcejé, no me rendiría.

Antes de dar a luz a mi hija, pensé que mi lucha con la autoestima estaba en su mayor parte en el pasado. Pero en el inesperado y añadido tiempo de lucha, asimilé que aprender a amar mi cuerpo es un viaje. Entender la belleza de Dios es un proceso. Observar el cambio de mi cuerpo a través del regalo de un nacimiento era simplemente un tramo del recorrido. Mi vida había cambiado, mi cuerpo había cambiado pero Dios no. El embarazo modificó mi cuerpo; la maternidad transformaría mi mente.

Había dado a luz vida de mi cuerpo y quería verme como mi hija me veía. Sabía que necesitaba permitir que la maternidad cambiara mi definición de belleza. Si fracasaba en aceptar que esto sucediera, me privaría de las alegrías que esta proporciona.

Más importante, Dios había dado a luz vida a partir de mi cuerpo y yo necesitaba verme como Él me veía.

Durante este tiempo, descubrí dos conceptos claves con respecto a mi belleza. Primero: Mi cuerpo había realizado una proeza sorprendente al dar a luz una vida. Las mujeres cristianas saben que los niños son un regalo del Señor pero rara vez relacionamos esta verdad con nuestros propios cuerpos. Como dijo David, rey de Israel: "He aquí, herencia de Jehová son los hijos; cosa de estima el fruto del vientre" (Sal. 127:3). Sin embargo, después de dar a luz, rápidamente dejamos de relacionar la maravilla del nacimiento con las estrías que estropean nuestra piel la cual una vez fue suave.

De manera diferente a las mujeres modernas, David, el antiguo salmista reconoció y reverenció el proceso de la creación:

> Porque tú formaste mis entrañas;
> tú me hiciste en el vientre de mi madre.
> Te alabaré; porque formidables, maravillosas son tus obras;
> estoy maravillado, y mi alma lo sabe muy bien.

> No fue encubierto de ti mi cuerpo,
> bien que en oculto fui formado,
> y entretejido en lo más profundo de la tierra.
> Mi embrión vio tus ojos,
> y en tu libro estaban escritas todas aquellas cosas
> que fueron luego formadas,
> sin faltar una de ellas.
> (Sal. 139:13–16)

En su Comentario de los Salmos, Carlos Spurgeon aborda la compleja relación que tenemos con Dios en el momento de nuestra creación:

> Allí permanezco escondido, cobijado por ti. Antes de que pudiera conocerte, o algo más, tuviste cuidado de mí y me escondiste como un tesoro… Así describe el salmista la intimidad que Dios tenía con él… Todavía sin nacer, él estaba bajo el control y la protección de Dios.[1]

En el momento que fuimos creadas nos convertimos en la más preciosa y codiciable obra de arte de Dios: Escogida, protegida y amada. Como una mujer de Dios, debo reconocer que soy "extremada y maravillosamente" hecha por ser un producto de la creativa mano del más grande Dios. Soy "extremada y maravillosamente" hecha debido a que tengo acceso a una de las más grandes intimidades que los humanos pueden conocer: Una relación personal con Jesús.

El mundo, *temeroso,* a menudo nos hace pensar en alguien que está ansioso y asustado. Pero situadas en el contexto de las habilidades de Dios, la palabra toma un nuevo significado. Cuando somos temerosas de la obra de Dios, miramos fijamente con absoluta atención y reverencia las posibilidades que existen en la mismísima palma de su mano. De esa manera, llego a ser totalmente fijada en Dios y su propósito para mi vida, en lugar de estar distraída y agobiada por la cultura de nuestro mundo.

Ser temerosa de la obra de Dios significa reconocer que las posibilidades para mi vida se extienden más allá de lo que soy capaz de lograr por mi propia cuenta. Estas existen por medio de las habilidades de un Dios infinito. Y si las posibilidades para mi vida se basan en las destrezas de un Dios infinito, debo definir quién era yo en el momento de la creación, quién soy hoy y quién seré mañana tal como Él me define, que es de esta manera: "asombrosa y maravillosamente hecha". Debo declarar como lo hizo el salmista "maravillosas son tus obras, estoy maravillado y mi alma lo sabe muy bien". Estas palabras están profundamente dentro de mí, las cuales desean ser escuchadas sobre el estruendo de este mundo. Fui formada por un magistral y perfecto Creador, Él me ama íntima y profundamente y puedo descansar con satisfacción en quién soy en Cristo Jesús.

¿Y qué tiene que ver este debate con las estrías y el exceso de celulitis?

Cuando comprendo la obra poderosa de la naturaleza creativa de Dios para darme vida, puedo comenzar a entender la formidable e impresionante tarea que mi cuerpo ha completado al dar a luz una vida que Dios ha ordenado y creado. Cuando una mujer lleva un bebé en su vientre, Dios no la ve como una figura rodante y dice: "Oh, Dios, observa la anchura de ella". En lugar de eso, Él mira en la profundidad de su vientre, escucha el latido del corazón de su hijo y pondera el destino del mismo. ¿Por qué entonces miramos por encima del cuerpo que ha provisto nutrición, calor y protección para una vida y rechazamos el recuerdo físico de esta experiencia?

Cuando estaba embarazada tuve una discusión con una colega al expresar mi confianza de que mi cuerpo retornaría a su estado anterior. "No, no lo hará" –afirmó inequívocamente: "Tu cuerpo nunca regresará a la forma que tenía antes de este bebé. Pero esto no hará ninguna diferencia para tu esposo. Él aún ve tu cuerpo hermoso. Quizás aún más bello debido a que es el único que le dio este hijo".

Comprendo su sabiduría mucho mejor ahora que como lo hice entonces. Ella estaba bien con respecto a mi figura y a mi esposo. La maternidad cambia todo; aun tu concepto de belleza y el de tu esposo.

En segundo lugar: Hallé, extrañamente suficiente, que mi esposo me encontrara más bella ahora que cuando era dieciocho kilos más ligera. Encuentro esto difícil de creer. Debido a que estoy escéptica, tengo dificultades para permitirle que viva esta verdad. Sin embargo, en los últimos años vividos, he aprendido que cuando coloco a mi esposo en la caja etiquetada "punto de vista social de los hombres", menosprecio quién es él realmente y quién puede ser en Cristo.

En su artículo "Depresión del cuerpo", de la escritora Holly Robinson, dirigido a la incredulidad de una mujer para considerarse bella a pesar del exceso de peso, expone:

> El peso del bebé, aquellas libras de más que se quedan mucho después del embarazo, es una causa de gran frustración para muchas mujeres que son madres por primera vez. Y esta no consiste solamente en la idea de estar apretada dentro de un traje de baño que nos perturba. Más desestabilizador es el profundo y asentado temor de que el cuerpo después de nacido el bebé nos hará poco atractivas sexualmente. Después de todo, nos preguntamos, ¿hay algo atractivo en las estrías, un estómago flácido y en los senos caídos?...Pero el hecho es que a la mayoría de los hombres realmente no les interesa si la parte trasera de una mujer es muy grande o si su vientre está redondeado... Un nuevo papá, cuya esposa había perdido solo 16 de las 60 libras que había obtenido durante su embarazo, coincide de esta manera:

> "La forma en que mi esposa luce no ha afectado en lo absoluto mi deseo por ella. La amo aún más porque es una buena madre". Frecuentemente, las mujeres encuentran difíciles de creer sentimientos como este, y esto no es ninguna maravilla. Estamos rodeadas por las imágenes de los medios de comunicación que igualan la sexualidad con los cuerpos jóvenes, adornados y tonificados y una figura maternal es a menudo presentada como decididamente poco atractiva.[2]

Las mujeres cristianas saben que la sexualidad se extiende más allá de la parte solo física; o, al menos, debemos conocerlo. La autora Cathy Winks dice que la sexualidad de una mujer: "Es menos sobre vestidos ceñidos y más sobre tener un cuerpo potente que pueda hacer cosas asombrosas".[3] Después de todo "las estrías, el estómago flácido y los senos caídos" son vestigios no solo del creativo acto de Dios dentro de mi cuerpo, sino también de la profunda intimidad que existe entre mi esposo y yo.

A menudo, sin embargo, nuestras inseguridades entorpecen las relaciones con nuestros esposos. Vemos a las modelos jóvenes y delgadas en las revistas y sabemos sin ninguna duda que nuestro exceso de celulitis, los ojos cansados y nuestro pelo salpicado de vómito de bebé no puede competir. Nos convencemos de que nuestros esposos, mientras nos hacen el amor, se imaginan que están con versiones de nosotras más jóvenes, delgadas y con mejor fragancia. Mientras atesoramos estos momentos de intimidad, ellos están matizados con tristes fantasías de lo que nosotras no somos. Mientras tanto, nuestros esposos simplemente nos están disfrutando; tal como somos, no como queremos ser.

Una mujer que concibe su belleza en Cristo le permitirá a su esposo no solamente ver hermoso su cuerpo cambiado sino también le da la libertad de decírselo. Ella no rechazará sus progresos sobre la base de sus propias equivocaciones de lo que piensa que él quiere. En su artículo "¿Tendré sexo alguna vez?", Robinson escribió:

> La triste realidad es que las mujeres son más propensas que los hombres para aceptar la idea de que la delgadez y el ser joven son la única vía para ser atractivas...Como dice el reciente papá Bob Snyder: "No me di cuenta de cómo el tener un bebé podría cambiar de manera dramática la forma en que mi esposa se sentiría sexualmente. Y de lo que ella no se percató fue de que para mí, seguía siendo tan hermosa el día en que nos fuimos del hospital y llegamos a la casa como siempre lo había sido, porque ella es mi bella, mi novia y mi amor".[4]

Como una mujer de Dios, debo confiar en el corazón de mi esposo y creer en él cuando dice que me desea. Soy la mujer que él escogió, renunciando a todas las demás. Debo permitir que él continúe prefiriéndome –tal como soy –porque él es mi amado y yo soy la amada suya.

Examina los ojos de tu hijo quien lleva tu imagen y la de tu amado y regocíjate en la poderosa obra de Dios. Comparado con el gran destino de la maternidad, tu cuerpo modificado es una pequeña consecuencia. No emplees tus días queriendo ser alguien diferente, mientras tu hijo está sentado cerca, mira a tu rostro y no desea a otra madre sino a ti.

UNA MIRADA AL ESPEJO
Reflexión personal

¿Crees que has sido "asombrosa y maravillosamente" hecha? ¿Por qué o por qué no?

Lee Romanos 9:20. Parafrasea este pasaje bíblico con relación a cómo ves tu cuerpo.

¿Cómo tus luchas con la autoimagen afectan tu relación con tu esposo física y emocionalmente?

¿Le crees a tu esposo cuando te dice que eres bella? ¿Por qué o por qué no?

¿Evalúas a tu esposo de acuerdo con la norma del mundo para los hombres, en cualquiera de las dos formas: Esperando que luzca como la imagen del mundo de hombría o esperando que piense y actúe como lo hace el mundo? Si tu respuesta es sí, ¿cómo esta valoración ha afectado la relación con tu esposo?

¿De qué formas tus sentimientos sobre tu cuerpo afectan la relación con tus hijos?

¿Qué anhelas que tus hijos comprendan sobre la belleza?

¿Cómo quieres que tu comprensión de la perspectiva de Dios sobre la belleza incida en la relación con tu esposo?

Cuando le pidas al Señor que culmine estas cosas en tu vida, recuerda las palabras de Dios pronunciadas por medio del profeta Jeremías: "He aquí que yo soy Jehová, Dios de toda carne; ¿habrá algo que sea difícil para mí?" (32:27).

· · · OCHO · · ·

Una figura modelo

Te guste o no, estás siendo observada. Madre o no, estás siendo observada. ¿Si pudieras traspasar alguna herencia a la próxima generación de mujeres cuál podría ser?

El efecto de los medios de comunicación en las mujeres es innegable pero me pregunto si nosotras realmente entendemos el extremo al cual hemos sido seducidas por el mensaje del mundo. Miramos a una adolescente con pantalones anchos o múltiples pendientes y tatuajes y decimos que su apariencia refleja los valores mundanos. ¿Pero qué decir de la mujer cristiana que da color y estiliza su cabello como una actriz popular y que anhela lucir como una modelo de moda? El principio es el mismo.

Nos perjudicamos mucho y también a nuestras jóvenes cuando ignoramos no solo el espejo de la cultura joven, sino el nuestro. Como la esposa de un pastor de jóvenes, he quedado más y más desalentada con los retos que enfrento con las adolescentes respecto al pudor. A pesar de eso comprendo que ellas, como yo, están influenciadas por su propia cultura y por su necesidad de sentir valor personal, aunque eso signifique ser reducidas a un objeto.

Cuando veo a las adolescentes igualando la belleza con las normas de la sociedad, comienzo a mirar a lo que las mujeres en la iglesia ofrecen como una alternativa. Desdichadamente, veo madres que compran a propósito ropas inmodestas para que sus hijas puedan ponérselas, mujeres apartan de sí las normas de modestia y mujeres que no visten con falta de modestia, pero que no tienen idea de lo que la belleza debe significar para la mujer cristiana.

Sabemos de la psicología moderna que la inseguridad sobre la imagen del cuerpo es un indicador del comienzo de la adolescencia. Tristemente, la preocupación sobre la apariencia física parece estar interrumpiendo la niñez en edades cada vez más tempranas. Las inquietudes que una vez fueron asociadas con las jóvenes de enseñanza secundaria, ahora invaden los pensamientos de chicas tan jóvenes como las de siete y ocho años, quienes se obsesionan por su peso y apariencia.

En *Reanimar a Ofelia: Conservar las personalidades de las chicas adolescentes* Mary Pipher examinó el efecto de la cultura sobre el desarrollo emocional y mental de las jóvenes. Ella ha sonado una alarma muy necesitada sobre las fuerzas destructivas de la cultura en las adolescentes. Al abordar la abrumadora insatisfacción que las chicas sienten hacia sus cuerpos, ella escribió:

> Justamente en el punto en que sus cuerpos se comienzan a redondear, las chicas han dicho que la delgadez es bella, incluso imperiosa. Ellas odian las requeridas clases de gimnasia en las cuales otras hablan sobre muslos y estómagos gordos. Una muchacha me dijo que había elogiado a una bailarina de ochenta y cinco libras [38,6 kilos] quien estaba llevando una dieta radical. Por

> primera vez en su vida ella miró a su cuerpo y se sentía disgustada.[1]

La investigación de Pipher alcanzó una connotación personal cuando una mamá de nuestra iglesia me expresó la frustración de su hija con la atmósfera que existía en los vestuarios con cabinas que utilizan las chicas en su escuela secundaria. Después de las clases de gimnasia, las muchachas a menudo se levantan las ropas unas a otras para ver qué talla usan sus compañeras. Mientras esta madre monitoreaba los programas de televisión que su hija observaba, no podía protegerla del efecto de las expectativas del mundo; incluso en el ambiente de una escuela cristiana.

Aunque sus investigaciones fueron dirigidas al menos con diez años de diferencia y en diferentes habilidades profesionales, la psicóloga clínica Mary Pipher y el experto en la cultura joven Paul Robertson llegan a la misma conclusión con respecto a la influencia de los medios en las adolescentes. Pipher habló no solo desde su experiencia profesional con adolescentes, sino también desde su experiencia personal como madre:

> Las revistas de adolescentes son un buen ejemplo del entrenamiento en "apariencia personal" que las chicas reciben. Mientras esperaba en una farmacia para recoger una prescripción, examiné algunas revistas. Todas las modelos parecían de casi dos metros de altura y anoréxicas. El énfasis estaba en el maquillaje, la moda y el peso. Las chicas eran alentadas a gastar dinero, hacer dieta y trabajar fuera para desarrollar la apariencia que pudiera atraer a los chicos. Al parecer, atraerlos era el solo propósito de la vida, porque las revistas no tenían artículos sobre carreras profesionales, pasatiempos favoritos, política u ocupaciones académicas. No pude encontrar uno que no predicara el mensaje: "No te

> preocupes sobre sentirte bien o estar bien, preocúpate por lucir bien".[2]

No ha cambiado mucho desde 1994. Aunque la sociedad puede estar más consciente de la prevalencia y los peligros de los desórdenes alimenticios, continuamos sometiéndonos al ídolo que nos impulsa a ser delgadas.

Robertson empleó: "Cuantiosas horas examinando cuidadosamente [un] ejemplar de una revista mensual americana nombrada *Diecisiete* destinada a jóvenes adolescentes que trata temas de interés general, sin dejar ningún anuncio o artículo por revisar". Él aseguró que:

> [El] poder de los medios ha dictado valores y normas que continúan creciendo. Nuestros niños emplean cientos de horas cada año con sus héroes de los medios de comunicación y gastan billones tratando de lucir como estos. Las jóvenes están influenciadas por normas de belleza inalcanzables, aerografiadas que, incluso, nunca logran sus modelos de portadas.[3]

En uno de los más impresionables tiempos en la vida, las jóvenes son atraídas engañosamente por un ideal fugaz y vacío, el que aseguran usarlo como un modelo para sus cuerpos y sus vidas.

La investigación de Pipher y Robertson confirmó lo que yo había experimentado como esposa de un pastor de jóvenes y educadora de enseñanza secundaria pero quise ir más allá para ver si la misma reflejaba las experiencias de los estudiantes en nuestro ministerio de jóvenes. Mi búsqueda casual y poco científica sostuvo la preocupación de que nuestros adolescentes están captando mensajes perturbadores. Cuando pregunté qué mensajes enviaban los medios con respecto al valor y a la belleza de la mujer, ellos respondieron:

"Tienes que ser bella para ser cualquier otra cosa". (hembras)

"Lo que más les importa a ellas es la aceptación de otros antes que la aceptación de [sí mismas]". (varones)

"Las revistas y la televisión creen que una mujer que muestre la piel es atractiva y bella". (hembras)

"Solo el cuerpo". (varones)

"Una mujer tiene que tener pechos firmes y de gran dimensión... No puede estar sobrepeso, o demasiado delgada, sino solamente 'perfecta'. Una mujer debe usar maquillaje y ropa que se trasluzca para ser 'bella'". (hembras)

"Todo tiene que ver completamente con cuán atractiva eres". (hembras)

La primera preocupación de las adolescentes es su relación con el sexo opuesto. Al estar muy conscientes de esto, los editores de las revistas para este grupo de edad atraen lectoras con artículos que ofrecen un consejo seguro para cualquier joven que espera atrapar al chico de sus sueños. Sacando provecho de esta misma idea, aunque a veces más sutiles en su estrategia, los publicistas usan imágenes para crear la idea de que los productos garantizan popularidad así como también felicidad. Muchos anuncios comerciales venden productos para mujeres poniendo en ellos imágenes de hombres. A veces, estos últimos solo están en segundo plano; otras veces son exhibidos en poses muy físicas y a menudo sexuales.

Predominan las veces en las que los hombres están sin camisa y son siempre modelos de la perfección cultural. Estos publicistas perpetúan no solo el ideal de que se espera que las muchachas sean físicamente perfectas, sino que ellas desean también varones físicamente perfectos.

Cualquiera que mire las revistas de adolescentes encontrará el mismo mensaje que Pipher y Robertson refirieron. *¡Chica cosmopolita!* presenta encabezamientos y subtítulos tales como: "Encuentra tu apariencia perfecta" y "los más novedosos estilos del cabello de Hollywood".[4] Aun la revista *La vida de las chicas,* la cual está dirigida hacia preadolescentes, presenta artículos como: "¡Tú! Únicamente mejor...la nueva apariencia que tienes que intentar lograr", así como anuncios para productos "esto iluminará tu vida, te hará feliz y te ayudará a tener diversión y a lucir fabulosa".[5] Desde el principio hasta el final, las lectoras se enfrentan a un bombardeo de productos que prometen hacerlas más bellas, más populares y de esa manera más felices. Abrumadoramente ausente de estas revistas estaba el debate sobre el desarrollo del carácter.

Desalentada por el énfasis de la belleza externa en las revistas de adolescentes, tuve un indicio de esperanza cuando leí el título: "Exploración del alma: Cómo ser linda por dentro"[6] en la revista para adolescentes nombrada *Diecisiete.* Sin embargo, cuando hojeaba el artículo, me desilusioné al encontrar una lista de pasos para yoga, tres citas de lectores relacionadas con las plegarias, e instrucciones como las siguientes: Un "ejercicio de caminata... [para ser] realizado al atardecer, significa relacionar [al lector] con el poder de la tierra". Este artículo no solo dejó la belleza interior indefinida, sino también ignoró el anhelo inherente de cada mujer, joven o adulta, de conocer y lograr la verdadera belleza.

Cuando era una adolescente, el ideal cultural para las mujeres jóvenes era ser delgadas, tener un cabello y un maquillaje hermoso y usar ropa de moda. Las costumbres culturales de hoy son similares pero los riesgos son mucho más altos. Si vamos a creer lo que leemos, el atractivo sexual de una chica es la medida de su belleza. Tampoco hemos olvidado el verdadero significado de la palabra atractiva o los intentos de la sociedad para que las jóvenes sean juzgadas de acuerdo con sus habilidades para ser encantadoras. El uso casual de esta palabra y las sutiles y no tan sutiles referencias al acto al que se refieren, me asombró. Las chicas pueden abrir las páginas de *¡Chica cosmopolita!* para descubrir cómo "¡tener un cabello atractivo ahora!"[7] o pueden mirar en *Moda adolescente* para encontrar información sobre el maquillaje en un artículo titulado "Muestra una secreta apariencia: Maquillaje resaltante de ojos en primavera de seguro hará que se fijen en ti".[8] Para encontrar prendas de vestir que puedan repeler la lluvia pero no a los chicos, ella puede leer el número de la revista *Diecisiete* "La tormenta perfecta: Las ropas resbalosas y atractivas para los días lluviosos". Al voltear muchas páginas, ella puede descubrir "tres pasos para el cabello atractivo".[9] Decir que una persona luce seductora, es decir que ella es deseable para el sexo. Además, esto sugiere que está disponible para el sexo. ¿Este mensaje es el que queremos que escuchen las jóvenes?

No solo se espera que las jóvenes reconozcan y utilicen su sexualidad para lograr aceptación; ellas también deben reconocer y afirmar la sexualidad de sus equivalentes masculinos. En la misma edición de *¡Chica cosmopolita!*, las lectoras votaron por el hombre que debería "estar en la portada de [su] ejemplar. 'Los chicos más atractivos del mundo'".[10] Esta misma revista incluye un hombre pegado a cada mes así como también figura donde las chicas pueden evaluar a un hombre basadas en su apariencia física. De acuerdo con esta perspectiva, las hembras y los varones son apreciables si ellos evocan una respuesta sexual.

Los publicistas hacen lo mismo con sus referencias al sexo para vender productos. Una tienda de adolescentes que es popular en nuestro centro comercial tenía una presentación en su fachada que decía: "El pantalón más atractivo de hoy no requiere casi nada para adquirirlo".[11] Mientras el término "casi nada" era una referencia obvia al precio, la imagen era un depravado juego de palabras respecto a una mujer vestida solo con el pantalón y una chaqueta abierta colocada en los brazos de un hombre en pantalones y sin camisa. La misma tienda presentó más tarde una exposición en una ventana que mostraba una modelo femenina con su camisa completamente desabotonada y exhibiendo algunas partes de sus senos. El titular decía: "Gatita por el día, devoradora de hombres por la noche".[12]

Las compañías de pantalones son una de las más culpables en usar el sexo para vender productos. Anuncio tras anuncio en las revistas de adolescentes presentan claramente mujeres en ropas y poses sensuales. Mientras los pantalones de tiro corto dan un empujón a las normas de modestia, una compañía va más allá para anunciar: "Pantalones de poca altura y ajustados". El quinto paso en la adaptación a los pantalones dice: "Derriba los niveles deseados o los 'efectos'". El anuncio incluye la advertencia: "Prueba esto solo en casa. No intentes bajar demasiado. Hacer esto puede resultar en la desnudez".[13] Algunas veces, el mismo producto en sí mismo está perdido en los anuncios de sexualidad. Robertson expresó preocupado que: "La revista *Diecisiete* y otras similares, [sic] reducen a nuestras chicas a la suma total de lo que ellas usan, cómo huelen y qué tipo de maquillaje llevan".[14]

Yo pudiera ir un paso más allá y decir que las revistas y las campañas de anuncios hoy día "reducen a nuestras chicas a la suma total" de su vida sexual. Más atemorizante para mí es la comprensión de que mientras la perfección física permanece como un fugaz ideal para las jóvenes, el exhibicionismo sexual y la promiscuidad no lo es.

Como si los anuncios y artículos de las revistas no fueran suficientes para promulgar la idea de que la sexualidad es bella, muchas artistas y actrices populares –las mismas que sirven de modelos de imitación para las jóvenes hoy día– perpetúan la misma idea.

Una entrevista con la artista Cristina Aguilera en el programa veinte veinte de la cadena televisiva *ABC* demostró la forma en que los símbolos de la cultura se mueven a una definición más sexualmente explícita de belleza. En su introducción a la entrevista, Bárbara Walters identificó el. "Nuevo acto" de Aguilera como "malicioso y hermoso". De acuerdo con Walters, Aguilera estaba "liberándose de su antigua imagen y de muchas de sus ropas".[15]

Al odiar la etiqueta de "princesa del pop", Aguilera explicó que ella había hecho estos cambios deliberadamente debido a que necesitaba ser auténtica consigo. Para ella, ser veraz consigo significaba quitar las pretensiones y desnudar su alma por la exposición de su cuerpo. Irónicamente, su canción "Bella" se expresa en contra de las percepciones culturales que tratan como un objeto a las mujeres.

Tras haber estudiado el efecto de la música de Aguilera en los adolescentes hoy día, el experto en cultura joven Walt Mueller escribió lo siguiente refiriéndose la canción "Bella" de esta artista:

> Publicada como un sencillo y un vídeo, la lenta y cautivadora balada ha sido captada por los niños –de ambos sexos por igual– quienes se sienten físicamente inadecuados y luchan con asuntos de la imagen corporal. Este mensaje… es simple y directo: Tú eres una bella persona no importa lo que cualquiera diga.[16]

Mientras nosotras en la iglesia a menudo promulgamos la misma creencia, puso una vuelta diferente en su significado. El mensaje de su vídeo y su estilo de vida es: La belleza de una mujer descansa en su habilidad para ser sexualmente provocativa y ocuparse en la experimentación sexual.

Entrelazadas con las imágenes provocativas del nuevo acto y la atrevida afirmación de Aguilera de que ella es feliz como es, están las referencias al abuso que sufrió de su padre, y el consiguiente abandono físico y emocional. Me pregunto si ella ve alguna relación entre su agresiva vida sexual y su carencia de relación con su padre. Aguilera dijo: "Nunca quise sentirme indefensa para un hombre". La aparente vida sexual que ella ve como "solamente yo siendo yo" parece ser un intento de controlar a los hombres sacando provecho de su propio cuerpo.

Al responder a la crítica de que su nueva perspectiva era inapropiada para alguien que es un modelo a imitar por las adolescentes, dijo: "Pienso que cuando una mujer se siente cómoda consigo misma, con su vida sexual, esto asusta a las personas".

La audiencia que ella alcanza, sin embargo, no son todas las mujeres y mientras ella está "divirtiéndose y expresándose" a la edad de veintiún años, sus fanáticas incluyen a aquellas que todavía tienen que alcanzar sus años de preadolescentes.

Al final de la entrevista, la comentarista afirmó que Cristina Aguilera ha "redefinido quizá lo que significa ser bella" y que ella está "confiada en que no importa lo que digan las personas, ella conoce lo que significa ser bella". Bárbara Walters al referirse al éxito de Aguilera con su nueva canción "Sucia", cerró el segmento diciendo: "La nueva imagen no ha causado daño a la carrera de Cristina. Bien por ella".[17]

¿Bien por ella? ¿Es esta la mejor respuesta que las mujeres mayores de la sociedad tienen que ofrecer a las jóvenes hoy día?

Todo el mundo está demasiado preparado para sembrar en el corazón de las jóvenes sus filosofías con respecto a las mujeres y a la belleza.

Las voces son muchas pero el mensaje es el mismo: La vida sexual de una chica está en su belleza. Sin embargo, este es un mensaje de muerte. Satanás desea destruir los corazones de las jóvenes a través de la destrucción de sus cuerpos.

Tristemente, la respuesta de la comunidad cristiana ha sido lamentablemente inadecuada. Como esposa de un pastor de jóvenes, he escuchado a muchas mujeres expresar su consternación y a otras su ofensa por la ausencia de modestia en las ropas de las jóvenes. Mientras que incondicionalmente estoy de acuerdo con que tenemos una norma de modestia que mantener, hemos perdido nuestra habilidad para comunicar este mensaje a las chicas. En demasiadas ocasiones decimos: "No te vistas de esta manera" y esperamos que nuestra advertencia sea suficiente. Sin embargo, si no tenemos otra norma de belleza que ofrecer y ninguna instrucción por medio de la cual puedan aprender su valor en Cristo, no podemos esperar que ellas vean la fuerza destructiva de las normas del mundo.

Quizá somos incapaces de resistirnos a las afirmaciones del mundo sobre belleza, porque estamos ocupados en los mismos mensajes. Aunque las mujeres mayores pueden no luchar con asuntos de sexualidad y falta de pudor que las jóvenes enfrentan, aún nos esforzamos por lograr la norma mundial de belleza.

Si estamos preparadas o no para esto, somos modelos para las jóvenes de nuestro alrededor. Si ellas nos ven deseando lucir como el mundo, continuarán su búsqueda de la aceptación y la afirmación del mundo, la sexualidad y todo lo demás.

Mi esposo y yo una vez tuvimos la oportunidad de salir a cenar con una joven artista, femenina y cristiana. Después de publicar dos discos compactos y viajar por todo el país con otras muy conocidas artistas, ella se encontró cara a cara con la visión idealista que aún las cristianas tienen sobre la belleza. Al caminar dentro de una terminal aérea, dio la bienvenida en la fiesta dedicada para levantarla. Al observarla, la persona exclamó cuán diferente lucía de la portada de su disco. En retrospectiva, ella se burló de la decepción pero expresó incredulidad de que alguien pudiera realmente esperar que ella pareciera una pintura con vaporizador en todo momento. "Ellos aún pintan partes de mis caderas", rió ella, al referirse a la compañía de producción.

Yo sabía que el trabajo de retoque para las portadas de los discos era común pero no pude creer su magnitud; especialmente en una compañía de grabación que presenta a artistas cristianos. ¿Por qué los cristianos mantienen la visión del mundo acerca de la belleza en la forma en que empaquetamos y lanzamos al mercado los discos, libros, revistas y conferencias con la intención de ser usados como herramientas para el ministerio? ¿Por qué no podemos permitir que las mujeres sean bellas y naturales a su manera?

No les enseñamos a las adolescentes la verdad de la belleza de Dios al mostrarles cómo aplicarse el maquillaje y coordinar el vestuario o alentándolas a abstenerse de cosas así. En lugar de eso, debemos enseñarles que su belleza reside en sus almas. Debemos mostrarles que sus cuerpos son el templo del Dios viviente y que su verdadera hermosura puede ser dañada y perdida por lo que ellas hagan con sus cuerpos.

¿Por qué no estamos enojados con la destrucción que Satanás causa en las vidas de las mujeres jóvenes? ¿Cuándo nos elevaremos por encima de nuestro pozo de inseguridad, nos aferraremos a la verdad de la belleza de Dios en nuestra vida y manera apasionada sembraremos este mensaje en las vidas de las jóvenes? Más que esforzarnos por lograr una figura modelo, necesitamos ser la figura modelo.

Aquellas de nosotras que somos madres debemos darnos cuenta de que nuestras hijas, o nuestros hijos, están observando y escuchando. Ellas ven cómo reaccionamos ante nuestra belleza y modelarán lo que ellas ven. Si apreciamos nuestra verdadera fuente de belleza, estamos en una posición de ayudar a nuestras hijas a escuchar el mensaje.

Los medios no son la única influencia en nuestros hijos, como Nicole Johnson ha apuntado:

> Cuando tu hija de doce años y cuarenta kilos comienza a obsesionarse sobre su peso o a querer hacer dieta, algo está mal. No puede ser completamente la culpa del mundo. Sí, ellas van a la escuela y están bombardeadas por los mismo medios de comunicación que nosotras pero ¿modelamos amor y aceptación hacia nosotras mismas? Si nos rechazamos o a nuestra belleza, mejor debemos estar listas para ver a nuestras hijas hacer lo mismo.[18]

Si continuamente ridiculizamos nuestras apariencias y habilidades, ¿cómo pueden nuestras hijas creernos cuando les decimos que son hermosas y que Dios tiene un plan para sus vidas? Asimismo, cualquiera de los mensajes sobre belleza que vivamos en nuestros hogares, nuestros hijos los harán suyos. Si esperamos y tratamos de lograr la perfección física, ¿cómo podemos enseñar a nuestros hijos a valorar y amar el alma de una mujer más que su estructura externa?

Cada mujer cristiana es un modelo a imitar por las jóvenes a su alrededor. No podemos evitar nuestra responsabilidad al decir que no estamos dotadas para trabajar con niños o adolescentes. Dios provee la sabiduría y habilidad para vivir su mensaje de belleza a través del poder del Espíritu Santo. Antes de ascender al cielo, Jesús recordó a sus discípulos de su provisión cuando dijo: "pero recibiréis poder, cuando haya venido sobre vosotros el Espíritu Santo, y me seréis testigos en Jerusalén, en toda Judea, en Samaria, y hasta lo último de la tierra" (Hch. 1:8). El fortalecimiento del Espíritu Santo está disponible no solo para exponer la salvación a creyentes potenciales, sino también para proclamar las cosas que Dios está haciendo en nuestra vida diaria. No nos tenemos que preguntar cómo diremos la verdad, el Espíritu Santo nos ungirá para expresar las buenas noticias de la belleza de Dios que da vida.

Debemos, sin embargo, tomarnos el tiempo de construir relaciones. Es fácil pararse desde afuera y criticar las elecciones de las generaciones que nos siguen. Cuando respondemos a las jóvenes amándolas e invirtiendo tiempo en sus vidas, ellas responderán a las palabras que hablamos.

Considera la relación entre Elisabet, la madre de Juan el Bautista y María, la madre de Jesús. Esta última era una adolescente en una disyuntiva crítica de su vida. Después del mensaje del ángel, ella buscó la compañía de un pariente mayor y confiable. El vínculo entre Elisabet y María colocó a la primera en una posición para ser usada por Dios en la vida de la segunda. Las Escrituras no nos dicen que Elisabet estaba entrenada en cómo comunicarse con adolescentes. Ella simplemente siguió a Dios y esto fue suficiente.

Elisabet y su esposo. "Ambos eran justos delante de Dios, y andaban irreprensibles en todos los mandamientos y ordenanzas del Señor" (Lc. 1:6). Cuando la oportunidad vino para que Elisabet hablara, el Espíritu Santo la instruyó sobre qué decir:

> Y aconteció que cuando oyó Elisabet la salutación de María, la criatura saltó en su vientre; y Elisabet *fue llena del Espíritu Santo* y exclamó a gran voz, y dijo: Bendita tú eres entre las mujeres, y bendito el fruto de tu vientre (Lc. 1:41–42, cursivas añadidas).

Elisabet no discutió con Dios al insistir en que ella no tenía nada en común con las adolescentes. Ella simplemente habló las palabras que el Espíritu Santo le inspiró a decir.

El escuchar el saludo de María, el niño que Elisabet llevaba en su vientre saltó y ella exclamó: "Bendita tú eres entre las mujeres, y bendito el fruto de tu vientre". Luego ella dijo: "Y bienaventurada la que creyó, porque se cumplirá lo que fue dicho de parte del Señor" (Lc. 1:45). Elisabet reconoció que el hijo que María llevaba en su vientre era el Salvador del mundo; ella vio con ojos espirituales que María llevaba la semilla imperecedera.

Las mujeres de hoy día no llevamos literalmente al Cristo niño dentro de nosotras, pero llevamos la inextinguible semilla de Cristo. Nosotras hemos sido "renacidas, no de simiente corruptible, sino de incorruptible, por la palabra de Dios que vive y permanece para siempre" (1 P. 1:23). Cuando nos convertimos en creyentes, Dios siembra la semilla imperecedera de la Palabra en nosotras y nace el ministerio de Cristo en nuestra vida. El poder activo del Espíritu Santo en nuestra vida debe saltar en nuestro interior cuando reconocemos el regalo de la semilla en las vidas de las jóvenes que nos rodean.

Las generaciones de jóvenes necesitan el amor y la guía de mujeres que apasionadamente desean conocer y vivir la belleza de Dios. No podemos proteger por completo a nuestras hijas de la influencia de la cultura pero podemos reconocer y admitir su verdadera belleza y la nuestra. El mensaje comienza en nuestras casas, iglesias y comunidades. El mensaje comienza con nosotras. Si no nos ocupamos de la causa y guiamos a las jóvenes a una íntima comprensión del propósito de Dios para sus vidas, una cultura demasiado disponible las barrerá hacia el caos.

Somos ingenuas al esperar que la cultura ponga atención a nuestras voces de consternación y cambie el mensaje que ella envía. Nuestras voces no son sino un susurro en el clamor del mundo. Pero las posibilidades en contra nuestra no cambian el mandato. Ama a las jóvenes a tu alrededor y habla verdad a sus vidas. No estés desalentada. Viajamos juntas a través de este sendero a la verdadera belleza. Y cuando la vida trae giros inesperados en nuestra travesía, no temas, porque dentro de nuestro susurro está una Voz.

UNA MIRADA AL ESPEJO

Reflexión personal

¿Qué mensajes ves que los medios de comunicación populares envían a las jóvenes? Da ejemplos específicos.

¿Qué evidencia ves de que los mensajes están consiguiendo hacer mella en las jóvenes con las que interactúas?

¿Por qué es peligroso que las mujeres, ya sean jóvenes o adultas, crean en el mensaje de que la belleza de una mujer proviene de su vida sexual?

¿Cómo afecta a una joven que aún no ha alcanzado la adolescencia la excesiva sexualización de las mujeres?

¿Qué mensajes relacionados con la belleza los cristianos famosos les trasmiten a las jóvenes a través de las palabras y las acciones?

Considera la historia de Rut. Una joven dispuesta a dejar atrás todo lo que le fuera familiar, ocupar una residencia en tierra extranjera y vivir entre personas con las cuales no había tenido una relación anterior (a no ser con su suegra, Noemí). Rut le dijo a su suegra:

> No me ruegues que te deje,
> y que me aparte de ti;
> porque adondequiera que tú fueres, iré yo,
> y dondequiera que vivieres, viviré.
> Tu pueblo será mi pueblo
> y tu Dios será mi Dios.

> Donde tú murieres, moriré yo,
> y allí seré sepultada; así me haga Jehová, y aún me añada,
> que solo la muerte hará separación entre nosotras dos (Rt. 1:16–17).

Dios era más importante para Rut que su propia cultura familiar porque ella creyó que el Dios de Noemí era el único verdadero Dios y creyó esto debido a que ella vio el Espíritu del Dios viviente activo en la vida de Noemí.

Si queremos que las jóvenes crean que Dios es más importante que la cultura, ¿qué es lo que ellas deben ver en nosotras?

¿Cómo la voluntad de Noemí de orientar a Rut incidió en la historia redentora? (Lee Rt. 4:17 y Mt. 1:5–6, 16).

Cuando esto llega a la comprensión de la definición de belleza de Dios ¿puedes decirles a las jóvenes a tu alrededor tú "imítame a mí como yo imito a Cristo" (cp. 1 Co. 11:1) y "Retén las formas de las sanas palabras que de mí oíste, en la fe y amor que es en Cristo Jesús" (2 Ti. 1:13)? ¿Qué lecciones relacionadas con la belleza estás enseñando a través de tus palabras y acciones?

· · · NUEVE · · ·

Acerca del rostro

Su nombre es belleza. Al hacer nuestras rutas de visitas pastorales, mi esposo y yo caminamos hacia el interior de su cuarto en el sexto piso del hospital local. Hemos oído que ella está en un considerable sufrimiento. Mientras damos un paso a través de la entrada, la sorprendemos a un lado de la habitación. Ella acababa de sentarse en una silla con la ayuda de una enfermera que abandona la habitación cuando entramos. He venido preparada para animarla y orar con ella pero no estoy lista para lo que veo.

Su belleza me maravilla.

Vestida con la "siempre elegante" bata del hospital, ella no usa maquillaje y su cabello está despeinado. Su náusea justamente ha comenzado a disminuir. El dolor está aún presente. Todavía la belleza que la rodea me deja con una permanente impresión. Me agacho cerca de su silla. Miro hacia ella y digo: "Luces hermosa. Y doy a entender esto".

Ella responde con una sonrisa incrédula: "Sí, está bien".

Su incredulidad en su propia belleza se hace más profunda que la ansiedad acerca de su ropa de hospital y su apariencia desarreglada. Para vencer el cáncer que invade su cuerpo, se ha despojado precisamente de sus dos senos. Luchando con la pregunta de cómo este cambio afectará su vida, ella se siente de cualquier forma menos bella. En una sociedad donde los pechos son considerados una definida exhibición de la belleza femenina, su autoimagen ha sido inexorablemente alterada.

Ella ha perdido el lugar donde sus hijos se anidaron cuando eran bebés. ¿Es todavía una mujer? Ha perdido una parte de su cuerpo que ayudó a definir su sexualidad. ¿Es todavía una mujer? Ha perdido el sentido de control sobre su propio cuerpo mientras esto lucha en su interior. ¿Es todavía una mujer?

Nunca había mirado a una persona recuperándose de su operación y sentido semejante presencia de belleza. Su hermosura no es aquella que proviene de un atuendo bien coordinado, un estilo de peinado, o un perfecto maquillaje. Y aún la belleza está innegablemente allí. Cuando le digo que es bella, mi esposo dice: "Estaba pensando lo mismo". Por supuesto, ella tampoco le cree a él. Ella piensa que solo estamos tratando de hacer que se sienta mejor. Pero después del atardecer, cuando debatimos sobre nuestra visita, ambos nos maravillamos de la belleza que vimos en ella.

En uno de los momentos de mayor debilidad de esta mujer, Dios escogió revelarse a través de la misma. El Espíritu Santo susurró:

"Habla lo que ves".

Yo veo belleza.

Ella se apoya en su Salvador y encuentra gracia. Al saber que solo Dios puede sustentarla, se levanta contra el miedo y decide no rendirse. Ella reconoce que las cosas de Dios son las únicas que importan. Al buscar las cosas de Cristo, vive una vida de integridad. Es una luchadora, una sobreviviente, una mujer de fortaleza.

Ella es bella.

Su nombre es Hermosa. Ama de casa, madre de dos, alta y esbelta. Ella no parece luchar con su propio sentido de valor personal. Pero ella se cuestiona su belleza.

Doce años de matrimonio. Un día él decide abandonarla. Otra mujer. Promesas rotas, matrimonio arruinado, corazón deshecho.

Unas pocas semanas después de que él se marchara, ella y yo nos cruzamos en una librería. "Me siento como si estuviera viviendo una mentira –dijo, mientras las lágrimas rodaron por sus mejillas-. Todos estos meses y no sabía la verdad".

Mi corazón se deshace por ella y no puedo imaginar el dolor producido por la decepción y la traición.

Abandonada por aquel que le prometió amarla y respetarla hasta la muerte, ella está sola. ¿Todavía es una mujer? Todo lo que ha conocido de ella misma para ser una esposa ahora se ha ido. ¿Todavía es una mujer? Aquel con el cual ella se convirtió en una sola persona se ha dado a otra persona. ¿Todavía es una mujer?

Tres meses después, sin planificarlo, nos encontramos de nuevo. Mis hijos y yo estábamos en la biblioteca para un tiempo de cuentos. Cuando entro al área de lectura, la veo sentada en la mesa, los libros esparcidos frente a ella, decidida a realizar la tarea que tiene al alcance de la mano. Al saludarla, le pregunto cómo está.

"Con la fortaleza de Dios, lo estoy haciendo" –respondió con una suave sonrisa. Ella explica cómo está aprendiendo a tomar una gran cantidad de decisiones que se imponen sobre ella. Ha decidido regresar a la escuela. En este día ella está estudiando para una prueba. Su rostro se alumbra cuando habla sobre cómo Dios está enfrentando sus necesidades económicas al proveer cualquier cosa, desde nuevos zapatos hasta un automóvil de uso. Y declara con calma: "Dios es todo lo que tengo ahora".

Y Él es suficiente.

Otra mujer, otro momento, otra imagen de belleza.

Ella escogió permitirle a Dios que usara los lugares rotos de su vida para crear algo bello. El Espíritu Santo susurra: "Habla lo que veas".

Yo veo belleza.

Ella se apoya en su Salvador y encuentra gracia. Al saber que solo Dios puede sustentarla, se levanta contra el miedo y decide no rendirse. Ella reconoce que las cosas de Dios son las únicas que importan. Al buscar las cosas de Cristo, vive una vida de integridad. Es una luchadora, una sobreviviente, una mujer de fortaleza.

Ella es bella.

Su nombre es Hermosa. La esposa de una figura pública; ha aprendido que las personas esperan altas expectativas de ella: Quién debe ser, cómo debe actuar y cómo debe lucir. Ahora, a los cincuenta y cuatro años, siente una creciente presión para satisfacer estas expectativas.

Pero nunca pierde el aire de gracia que la rodea. Otras mujeres obtienen comodidad por estar a su alrededor. En muchas ocasiones, cuando me he sentido sola, inadecuada y débil, una sonrisa o un abrazo de ella me recuerdan que soy amada. Pero no es solo su amor lo que siento. Sus abrazos y sonrisas reflejan un amor mayor. El amor de su Padre. El amor de mi Padre.

Ella es mi mentora, mi amiga y es hermosa. Es el tipo de mujer que quiero ser cuando madure. Cuando nos cruzamos en la iglesia en las ocupadas mañanas de domingo, a menudo le digo que ella es bella. Parece que nunca se pregunta quién es o a dónde pertenece. Ciertamente, al ser la mujer piadosa que es, nunca se cuestiona su significado o su belleza. Pero hay días cuando siente la presión de sus propias expectativas.

Y entonces le digo que ella es hermosa porque lo es.

Cuando me encontré con ella por primera vez, casi nueve años atrás, la vi como una columna de fortaleza, una mujer cuya fe permanecía firme contra el cambio. Sin embargo, ella es una mujer, de carne y hueso: Llora, se ríe, se pregunta, busca, anhela.

Y la vida cambia.

Al entrar en uno de los más drásticos cambios en la vida de cada mujer, ella se encuentra luchando con sus tareas y emociones de cada día. El cansancio excesivo la agobia, de ambas maneras: Física y emocionalmente. Le pregunta a Dios cuándo se sentirá como ella misma de nuevo. Algunos días, escucha solo el silencio.

Sus emociones la irritan y la enfurecen. Ella llora. ¿Todavía es una mujer? Se han ido los recuerdos de que su cuerpo puede producir vida. ¿Todavía es una mujer? Sudores nocturnos, olas de calor. Su cuerpo no es su propiedad. ¿Todavía es una mujer?

Nueve años después, todavía la veo como un pilar de fortaleza, una mujer cuya fe permanece firme contra el cambio. El Espíritu Santo susurra: "Habla lo que ves".

Veo belleza.

Ella se apoya en su Salvador y encuentra gracia. Al saber que solo Dios puede sustentarla, se levanta contra el miedo y decide no rendirse. Ella reconoce que las cosas de Dios son las únicas que importan. Al buscar las cosas de Cristo, vive una vida de integridad. Es una luchadora, una sobreviviente, una mujer de fortaleza.

Ella es bella.

El viaje hacia la comprensión de quiénes somos como mujeres en Cristo es simplemente eso: Un viaje. Cada día que vivimos estamos en el proceso de llegar a ser más como Cristo. De la misma manera, comprender nuestra belleza a través de los ojos de Dios es una travesía. Cada momento encaramos la opción de vernos a través de los ojos del mundo o de los de Dios. En muchas ocasiones anhelamos el fin del viaje, el lugar donde nunca lucharemos por amarnos de nuevo. Pero como aún no estamos allí, nos apuramos.

Las paradas cerca de la ruta cambian nuestras vidas. Cuando Dios comenzó a cicatrizar mi autoimagen deshecha, esperé que nunca tuviera que luchar nuevamente para comprender mi belleza. Pero a través de mis propias experiencias y de observar a otras mujeres, he aprendido que encontrar mi belleza en Cristo es un proceso de toda la vida. Algunos días nuestra hermosura en Cristo es apreciable. Otros días es absorbida en la oscuridad y oramos por ojos de sabiduría que nos ayuden a verla. Sabiduría para el momento, sabiduría para el futuro cuando los cambios inevitables llegarán.

En su novela futurista *Un nuevo mundo valiente,* Aldous Huxley describe una sociedad que, entre otras cosas, rehúsa envejecer. Al ver la vejez como "repulsiva":[1] Las personas en el mundo de Huxley conservan [miembros'] secreciones artificialmente balanceadas en equilibrio joven [,] ...les dan trasfusiones de sangre joven... [y] mantienen su metabolismo permanentemente estimulado".[2] Cuando una mujer se encuentra separada de una sociedad convencional y de sus procesos artificiales, su cuerpo pasa por el natural (para nosotras) proceso de envejecimiento. Cuando regresa al nuevo mundo valiente donde las mujeres mantienen su belleza a través de aerógrafos y estimulantes sintéticos, es rechazada y dejada morir sola, porque

> Nadie tuvo el más mínimo deseo de ver a Linda... y la razón más fuerte para que las personas no quisieran ver a la pobre Linda fue su apariencia. Gorda, habiendo perdido su juventud; con dientes malos y un semblante cubierto de manchas y aquella figura simplemente no puedes mirarla sin sentirte enfermo, sí, absolutamente enfermo. Así que las mejores personas estaban decididas a no ver a Linda.[3]

Al apropiarse del cuerpo, una droga que produce una interminable ausencia de la realidad, Linda escapa a un mundo que no podía tener.

Escrita en 1932, la predicción de Huxley suena real hoy día. Con vehemencia rechazamos el proceso de envejecimiento y predecimos el éxito de aquellos que parecen escapar a las marcas físicas del tiempo. Aunque pocas de nosotras andamos tras la apariencia eterna a través del estiramiento facial, las cremas milagrosas y los remedios homeopáticos –o a través de las máquinas *vibro–vac* y las píldoras maravillosas del mundo de Huxley– nosotras, ciertamente, no silenciamos nuestros anhelos de lograr la eterna juventud. A menudo, nosotras, incluso, confirmamos tal búsqueda en nuestra admiración por una mujer de sesenta años de edad que mantiene la apariencia de una muchacha de veinte años. Nos aceptamos y rechazamos y hacemos lo mismo con otros basadas en la apariencia. No podemos ver más allá de lo externo. Quizás creemos que si nos aferramos a nuestro ideal terrenal de juventud y belleza, nos podemos convertir en el ídolo de hermosura eterna que adoramos.

Pero aún nuestros senos se caen y las arrugas aparecen. La vida cambia y nuestros cuerpos cambian. Ninguna cantidad de deseos pueden traer de vuelta el cuerpo o el rostro que teníamos diez años atrás, ni puede ningún nivel de auto aborrecimiento traernos el cuerpo o el rostro que siempre hemos querido.

Aquí existe, sin embargo, una verdad constante.

El Amante de nuestras almas nos desea apasionadamente. La hermosura de este mundo se desvanecerá pero la suya es eterna. Ninguna cantidad de ropas o accesorios satisfarán nuestros anhelos de belleza. El tamaño de nuestros cuerpos no puede revelar la profundidad de nuestra verdadera belleza. Ningún estilo de cabello o exhibición física es representativo del potencial de Dios para nuestras vidas. Nosotras somos escogidas, llamadas, apartadas para su gloria. El destino de Dios para nuestras vidas no yace en un desconocido o escondido lugar. Nuestro destino yace en una relación con el único que nos denomina como su propiedad. Nuestro destino consiste en el viaje para conocer la verdadera belleza, la travesía para conocerlo a Él.

Las mujeres a menudo hojean el libro de Proverbios para encontrar una imagen detallada de una mujer piadosa. El pasaje de Proverbios 31:10–31 es rico en su retrato de la vida y el carácter de una mujer que busca el corazón de Dios pero Proverbios también presenta otra mujer de verdadera belleza espiritual.

Ella es más deseable que los más delicados tesoros (Pr. 3:14–15). Ella trae felicidad a aquellos que la buscan (Pr. 3:13) y honra a aquellos que la abrazan (Pr. 4:7–8). Su nombre es Belleza. Su nombre es Sabiduría.

La sabiduría nos revela la verdadera definición de belleza y a través de la sabiduría vemos la bajeza de la belleza terrenal. El mundo corrompe lo que Dios creó en pureza cuando les dice a las mujeres que la hermosura es definida por la habilidad de ser sexualmente provocativas. Pero la sabiduría le restablece la pureza a la belleza y eso es la pureza, esta habilidad de ver más allá del mundo, que hace la hermosura de la sabiduría tan valiosa, para que no pueda ser comprada con riqueza terrenal.

Para nuestro perjuicio, el mundo ha hecho de la sexualidad y la apariencia física la suma total de la identidad femenina. En la mente de Dios, sin embargo, la mujer es un regalo. Las Escrituras dicen: "Y de la costilla que Jehová Dios tomó del hombre, hizo una mujer, y la trajo al hombre" (Gn. 2:22). Nosotras no fuimos una idea de último momento. Todo acerca de nosotras fue diseñado por Dios para reflejar su Gloria. La belleza y sexualidad de una mujer –como se propuso Dios– son elementos de quién es ella pero no del total. Cuando nosotras le permitimos a Dios que defina nuestra belleza y nuestra sexualidad, el poder inherente de las mismas trae vida a aquellos que nos rodean. Sin embargo, cuando tercamente desprendemos nuestra belleza y sexualidad del propósito deseado por Dios, ellas permanecen poderosas pero llegan a ser destructivas.

Fallamos en darnos cuenta de que no controlamos el poder de nuestra belleza y nuestra sexualidad cuando las usamos fuera de los propósitos deseados por Dios. Usarlas para ganar poder nos conduce a la esclavitud, no a la libertad; a la derrota, no a la victoria. En lugar de eso, necesitamos adquirir la sabiduría que abrirá el poder diseñado por Dios para la belleza y la sexualidad y nos hará libres para usarlas y disfrutarlas como lo propuso Dios:

> Conmigo está el consejo y el buen juicio;
> yo soy la inteligencia; mío es el poder.

Por mí reinan los reyes,
y los príncipes determinan justicia.
Por mí dominan los príncipes,
y todos los gobernantes juzgan la tierra.
Yo amo a los que me aman,
y me hallan los que temprano me buscan
(Pr. 8:14–17).

La sabiduría nos guía a vivir los planes de Dios para la belleza y de esa manera hace posible que su poder se mueva a través de nosotras. El verdadero poder viene a través de nuestra búsqueda de la sabiduría y belleza de Dios.

La belleza de la sabiduría soporta los cambios de la vida y el paso del tiempo: "Eternamente tuve el principado, desde el principio, antes de la tierra" (Pr. 8:23). Cuando Dios habló para que el mundo existiera, la sabiduría y la belleza dieron forma a los fundamentos. ¿Por qué entonces buscamos la endeble y rota belleza de este mundo?

Busca la sabiduría y permítele enseñarte cómo silenciar las voces que no reflejan la verdad de quién eres en Cristo. Escucha la voz de Dios cuando te llama su amada.

Busca la sabiduría y permítele enseñarte a amar a la mujer que Dios ha creado para que seas. Permítele que te enseñe a estar en pie con temor reverencial y admiración ante la obra maravillosa de la mano de Dios cuando te hizo.

Busca la sabiduría y permítele enseñarte cómo tratar tu cuerpo como un templo de Cristo. Conoce que tú eres un santuario para el único que es tu refugio.

Busca la sabiduría y permítele que te enseñe a estar en pie en el lugar de la perspectiva adecuada. Cuando tú la busques, ella guardará tu mente y transformará tus pensamientos.

Busca la sabiduría y permítele enseñarte a cómo dejar que tu esposo se deleite en el cuerpo de la mujer de su juventud, no en el cuerpo de su mujer joven. Deja que él tome placer en las verdaderas, genuinas, –única en tu género– caídas, ojeras, ondulaciones y en todo.

Busca la sabiduría y deja que ella te enseñe que tu vida cambiará y también lo hará tu cuerpo. Permite que ella además te recuerde que sirves a un inmutable Dios que te ha amado desde el comienzo de los tiempos.

La sabiduría te llama. Ella "clama en las calles, alza su voz en las plazas; clama en los principales lugares de reunión; en las entradas de las puertas de la ciudad dice sus razones" (Pr. 1:20–21). Cuando buscas a Cristo, buscas la sabiduría, porque. "Si como a la plata la buscares, y la escudriñares como a tesoros, entonces entenderás el temor de Jehová, y hallarás el conocimiento de Dios" (Pr. 2:4–5). Como Salomón, el más sabio de todos los hombres, sabía. "Engañosa es la gracia y vana la hermosura; la mujer que teme a Jehová, ésa será alabada" (Pr. 31:30).

Tal vez, Salomón estaba refiriéndose a las palabras de un antiguo libro de canciones de Israel: "El principio de la sabiduría es el temor de Jehová; buen entendimiento tienen todos los que practican sus mandamientos, su loor permanece para siempre" (Sal. 111:10).

Dios no nos exhorta a que busquemos la sabiduría y luego la escondamos de nosotras. Él voluntariamente la da a aquellos que están deseosos de obedecer sus mandamientos. Y para aquellos que desean pedir, Dios se mantiene de pie esperando para darnos el regalo de su sabiduría; la que puede ser usada para un momento, para los cambios y para toda la vida.

Vístete para el viaje. Deja que su belleza cubra tu cuerpo en suaves pliegues y su paz sea una corona sobre tu cabeza. Coloca su sabiduría sobre tus pies para guiar cada paso. Finalmente, sonríe, porque no viajas sola.

Una mujer común, sirve a un extraordinario Dios. En sus momentos de mayor debilidad, Dios se revela a través de ella.

Ella ha escogido dejar que Él use las piezas rotas de su vida para crear algo bello. Ella es una columna de fortaleza, una mujer cuya fe permanece firme contra los cambios. El Espíritu Santo susurra: "Habla lo que ves".

Yo veo belleza.

Ella se apoya en su Salvador y encuentra gracia. Al saber que solo Dios puede sustentarla, se levanta contra el miedo y decide no rendirse. Ella reconoce que las cosas de Dios son las únicas que importan. Al buscar las cosas de Cristo, vive una vida de integridad. Es una luchadora, una sobreviviente, una mujer de fortaleza. Ella es hermosa.

Ella eres tú.

UNA MIRADA AL ESPEJO

Reflexión personal

¿Qué cambios has experimentado en tu vida que han afectado (positiva o negativamente) tu comprensión de la belleza?

Escribe las palabras de Santiago 1:5.

Lee Santiago 3:17. ¿Qué señales acompañan a la sabiduría de Dios?

"[Y] todo hombre sabio de corazón a quien Jehová dio *sabiduría* e inteligencia para saber hacer toda la obra del servicio del santuario..." (Éx. 36:1, cursivas añadidas. Para un estudio adicional, lee Éx. 31:3, 6b; 35:26, 31). En el Antiguo Testamento, el tabernáculo fue construido a través de la obra del Señor mientras Él dotaba a los artesanos con la sabiduría del Espíritu Santo en sus esfuerzos. El tabernáculo era un lugar de adoración y un lugar de belleza. Los artesanos trabajaron para construir un lugar en el cual el Espíritu del Señor pudiera morar. Aunque eran artesanos expertos, la clave para comprender sus habilidades reside en la unión común que ellos compartían: Estaban dotados con la sabiduría del Espíritu Santo. La hermosura del tabernáculo fue un resultado natural de su disposición de usar los dones dados por Dios para adorarlo. La adoración en busca de la sabiduría encuentra la belleza. Así también esto sucede con nuestras vidas. Cuando buscamos adorar al Señor, el Espíritu Santo nos da sabiduría y nuestras vidas llegan a ser un lugar de belleza, un santuario para el Espíritu del Dios viviente.

Escribe una oración pidiéndole a Dios que use las piezas rotas de tu vida para crear un lugar de belleza, un santuario de adoración a Él.

Mientras continúas este viaje, recuerda "estando persuadido de esto, que el que comenzó en vosotros la buena obra, la perfeccionará hasta el día de Jesucristo" (Fil. 1:6).

• • • NOTAS • • •

Capítulo 1/ Belleza terrenal

1. Walt Mueller, YouthCulture@Today Newsletter, "What You See Is What I Am" ["Lo que ves es lo que soy"], primavera de 2001, 18.

2. Stephen Crane, "I Saw a Man Pursuing" ["Vi la persecución de un hombre"], *American Literature: The Makers and the Making*, eds. Cleanth Brooks, R. W. B. Lewis y Robert Penn Warren (Nueva York: St. Martin's Press, 1973), 1652.

3. Mary Pipher, *Reviving Ophelia: Saving the Selves of Adolescent Girls* [Revivir a Ofelia: Rescatar las personalidades de las adolescentes] (Nueva York: G. P. Putnam's Sons, 1994), 56.

4. *Ibíd.*

5. Alex Witchel, "Everybody Loves Patricia" ["Todo el mundo ama a Patricia"], revista *Ladies Home Journal,* marzo de 2003, 126.

6. Guthrie, Motyer, Stibbs, Wiseman. eds., *The New Bible Commentary: Revised* [El Nuevo Comentario de la Biblia, revisado] (Grand Rapids, Mich.: Wm. B. Eerdmans Publishing Co., 1970), 1264.

7. William Wordsworth, "The World Is Too Much with Us" ["El mundo es demasiado con nosotros"], *The Norton Anthology*

of English Literature, quinta edición, ed. M. H. Abrams (Nueva York: W. W. Norton & Co., 1986), 220.

Capítulo 2 / Voces externas

1. Sandra Cisneros, *The House on Mango Street* [La casa en Mango Street] (Nueva York: Random House, 1984), 50–51.

Capítulo 3 / Voces internas

1. Nicole Johnson, *A Fresh Brewed Life* [Una vida preparada y saludable] (Nashville: Thomas Nelson Publishers, 1999), 38.
2. T. S. Eliot, "The Love Song of J. Alfred Prufrock" ["La canción de amor de J. Alfred Prufrock"], *American Literature: The Makers and the Making*, 2102–2103.

Capítulo 4 / Espejo, espejo

1. Nicole Johnson, *op. cit.*, 69.
2. F. Scott Fitzgerald, *The Great Gatsby* [El gran Gatsby] (Nueva York: Simon & Schuster, 1953), 110–111.
3. Marvin Wilson, *Our Father Abraham: Jewish Roots of the Christian Faith* [Nuestro padre Abraham: Raíces judías de la fe cristiana] (Grand Rapids, Mich.: Wm. B. Eerdmans Publishing Co., 1989), 13, 15.

Capítulo 5 / Ídolos y templos

1. Nathaniel Hawthorne, *The Scarlet Letter* [La letra escarlata] (Evanston: McDougal–Little, 1997), 225.
2. Abraham Wright, "Psalm 139" ["Salmo 139"], *Psalms* (Grand Rapids: Kregel Publications, 1968), 640.

Capítulo 6 / Una nueva perspectiva

1. John Keats, "Ode on a Grecian Urn" ["Oda sobre una urna griega"], *The Norton Anthology of English Literature*, 823.
2. "Identidad", *Diccionario Webster*, edición de 1989.
3. Guthrie, Motyer, Stibbs, Wiseman. eds., *op. cit.*, 1039–1040.
4. Emily Dickinson, "The Soul Selects Her Own Society" ["El alma selecciona su propia sociedad"], *American Literature: The Makers and the Making*, 1243.

Capítulo 7 / Cuerpo por causa de Charis

1. Carlos Haddon Spurgeon, "Psalm 139" ["Salmo 139"], *Psalms*, 637.
2. Holly Robinson, "Body Blues" ["Depresión del cuerpo"], *Parents Magazine*, agosto de 2002.
3. Holly Robinson, "Will I Ever Have Sex Again?" ["¿Tendré sexo alguna vez?"], *Parents Magazine*, enero de 2003, 62.
4. *Ibíd.*

Capítulo 8 / Una figura modelo

1. Mary Pipher, *op. cit.*, 55.
2. *Ibíd.*, 40.
3. Paul Robertson, "My Trip Through *Seventeen*" ["Mi viaje a través de la revista Diecisiete"], YouthCulture@Today Newsletter, otoño de 2002, 14–15.
4. *Cosmogirl!* [¡Chica cosmopolita!], abril de 2003.
5. *Girls Life, Magazine* [Vida de las chicas, revista], febrero–marzo de 2003.
6. *Seventeen* [Diecisiete], abril de 2003.
7. *Cosmogirl!* [¡Chica cosmopolita!], abril de 2003.

8. *TeenVogue* [Moda del adolescente], abril–mayo de 2003.

9. *Seventeen* [Diecisiete], abril de 2003.

10. *Cosmogirl!* [¡Chica cosmopolita!], abril 2003.

11. Ropa rápida, anuncio. Aparecido en las ventanas de una tienda rápida en la megatienda de Augusta, Georgia, invierno de 2002.

12. Ropa rápida, anuncio. Aparecido en las ventanas de una tienda rápida en la megatienda Augusta, Georgia, primavera de 2003.

13. *Teen People* [Personas adolescentes], abril de 2003.

14. Paul Robertson, "My Trip Through *Seventeen*" ["Mi viaje a través de la revista *Diecisiete*"], 19.

15. Bárbara Walters, 20/20, *ABC*, Nueva York, 14 de febrero de 2003, 10:00 p.m. (Hora del Este).

16. Walt Mueller, "Justin and Christina: Innocence Lost or Truth Be told?" ["Justin y Cristina: ¿Inocencia perdida o realidad que se ha dicho?"], YouthCulture@Today Newsletter, primavera de 2003, 2.

17. Bárbara Walters, 20/20, *ABC*, Nueva York, 14 de febrero de 2003, 10:00 p.m. (Hora del Este).

18. Nicole Johnson, *op. cit.*, 81.

Capítulo 9 / Acerca del rostro

1. Aldous Huxley, *Brave New World* [Un nuevo mundo valiente] (Nueva York: HarperCollins Publishers, 1946), 138.

2. *Ibíd.*, 111.

3. *Ibíd.*, 153.

Mujeres de la Biblia
Frances Vander Velde

PORTAVOZ
Libros relacionados con el tema

Explica los principios bíblicos de gran relevancia para las necesidades de una mujer tales como el hogar, el matrimonio y la vida personal.

ISBN 13: 978-0-8254-1265-3 / 208 páginas / rústica

Disponible en su librería cristiana favorita o en la internet: www.portavoz.com

Con el lenguaje característico de esta fenomenal comunicadora social, Amber Nogueras nos presenta de forma clara y sencilla el plan de Dios para la mujer.

ISBN 13: 978-0-8254-1540-1 / 80 páginas / rústica

PORTAVOZ
Libros relacionados con el tema

Elizabeth George explica el secreto de la felicidad conyugal, el diseño de Dios para que una esposa ame a su esposo, aunque tenga defectos. Este libro proporciona valiosas ideas en importantes aspectos del matrimonio. Entre otros explica qué significa ser la ayuda idónea del esposo y qué es y qué no es la sumisión.

ISBN 13: 978-0-8254-1264-6 / 240 páginas / rústica

PORTAVOZ

NUESTRA VISIÓN

Maximizar el efecto de recursos cristianos de calidad que transforman vidas.

NUESTRA MISIÓN

Desarrollar y distribuir productos de calidad —con integridad y excelencia—, desde una perspectiva bíblica y confiable, que animen a las personas a conocer y servir a Jesucristo.

NUESTROS VALORES

Nuestros valores se encuentran fundamentados en la Biblia, fuente de toda verdad para hoy y para siempre. Nosotros ponemos en práctica estas verdades bíblicas como fundamento para las decisiones, normas y productos de nuestra compañía.

- Valoramos la excelencia y la calidad
- Valoramos la integridad y la confianza
- Valoramos el mérito y la dignidad de los individuos y las relaciones
- Valoramos el servicio
- Valoramos la administración de los recursos